节日里的中国

仲富兰 著

上海文艺出版社

出版者的话

作为人类四大古文明之一,华夏文明是世界上唯一没有中断并持续发展到今天的文明体系。这一文明体系发源于中国这片土地,在这片土地上发展壮大,立足于这片土地,敞开胸怀接纳吸收来自全人类的优秀文化元素,并不断向周边国家乃至全球传播,在对外交流中又进一步得到完善,从而形成了当今中国的文化面貌,也塑造着我们华夏民族优秀的精神品格。

对这样的文化,我们完全应该有充分的自信。而文化自信,是一个国家、一个民族发展中最基本、最深沉、最持久的力量。为此,我们决定组织编写这套"九说中国"丛书。

"九"这个数字，在中国传统文化中有着特殊的象征意味。在古时，九为阳数的极数，又是大数、多数的虚数，所以，既可以表示尊贵，也可以代表全部。据《尚书·禹贡》所载，大禹治水，后来称王，将天下划分为徐州、冀州、兖州、青州、扬州、荆州、豫州、梁州、雍州等九州；后来，九州可以代指整个中国。青铜器有"九鼎"，成语"一言九鼎"表示说话有分量。"九"还与"久"谐音，有长长久久、绵延不绝之意。

"九说中国"系列丛书在体例上力图打破传统的学科界限和历史分期，从文化表现的角度着眼，系统展示华夏五千年文明的核心元素与基本样貌，凸显中国思想的博大精深、中国文化的源远流长、中国精神的丰富多彩，进而揭示华夏文明所具有的独特气质和深刻内涵，展示华夏文明的兼容并蓄和强大生命力。

中华优秀传统文化需要创造性转化，需要创新性发展；转化与发展最终一定是从实处、细微处生发出来。"九说中国"系列丛书邀请对中国文化素有研究的学者，从承载中华优秀文化的诸多细小的局部和环节入手，从最能代表中国气质、中国气象、中国气派的人物、事物、景物、风物、器物中，选取若干精彩靓丽的内容，以生动的语言和独特的叙事方式，描述华夏传统的不同侧面，向读者传达中华优秀传统文化的精气神。

"九说中国"系列丛书将分辑陆续推出，每辑九种。第一辑九种书目，涉及文字、诗歌、信仰、技术、建筑、民俗日常，并推究建立于其上、传承数千年的华夏观念。为了让海外读者有机会了解中国文化的博大精深和丰富多彩，本丛书在适当的时候还拟推出多种语言的国际版。

上下五千年，纵横一万里。"九说中国"系列丛书力求涵盖面广，兼顾古今，并恰当地引入中外比照；做到"立论有深度，语言有温度，视野有广度"，同时用当代读者喜闻乐见的表达形式加以呈现。

当然，丛书的编写是否达到了策划的预期，还有待读者诸君评鉴。欢迎各位随时提出批评改进的意见和建议。

目录

序论：节日与中华民族文化认同 / 001

一　**华彩新年**　春节 / 001

二　**上元佳节**　元宵 / 025

三　**梨花寒食**　清明 / 049

四　**端阳风物**　端午 / 077

五　**银汉迢迢**　七夕 / 099

六　**秋暮夕月**　中秋 / 123

七　**霜菊涵秋**　重阳 / 151

八　**亚岁消寒**　冬至 / 175

九　**逐疫驱傩**　腊八 / 201

附：**花朝染碧**　花朝 / 227

主要参考文献 / 252

后　记 / 255

序论：节日与中华民族文化认同

节日——中华农业文明的璀璨成果

节日里的中国充满了文化气息。中国传统节日作为一种行为层面的传统文化，是中华民族文明的精华之一，她根植于中国古代的农耕文化，在长期的流传过程中，通过对天人、群己、义利等关系的约定，形成了自身独特的文化内涵，体现了强大的文化凝聚力与生命力。节日还与中华文化精神、中华民族精神相联系，是中华民族成熟文明的缩影，它既体现着人与自然的关系，又反映着现实的人与人的联系，在社会发展进程中具有非凡的意义。

"山中无历日，寒暑不知年"，人类在生产力极其低下的情况下，是无所谓节日的。节日是人类社会发展到一定阶段的产物。历经千百年岁月沧桑，它如同搭起了一个硕大的物质文明与精神文明的平台，承载着中华各民族人民精彩纷呈、多姿多彩的艺术飨宴。它既是中国人长期不懈地探索自然规律的产物，包含着大量科学的天文、气象和物候知识，也是中华文明的哲学思想、审美意识和道德伦理在民俗风情上的集中体现。中国人重视阴阳平衡、天人合一、顺其自然的哲学思想，欣赏柔美、钟情团圆的美学和伦理观念，在这个节日体系之中都有强烈的体现，千百年来，传统节日的民俗，给中国人一种井然有序的时间节奏、热闹而不失寂寥的空间分布。虽然中国是一个人口众多的国度，老百姓也以一种勤勉、节俭的方式过着自己的日子，因为有了热闹的节日，才构成中华民族完整的人生时间，使人生充满着期待、愉悦而显得非同寻常。

中国传统节日是农业文明的缩影，是先人追求天人和谐的产物。大家知道，农耕文明是指由农民在长期农业生产中形成的一种适应农业生产、生活需要的国家制度、礼俗制度、风俗文化等的文化集合。在漫长的历史进程中，传统节日结合了中国儒、释、道各家文化，将各类祭祀、信仰民俗融为一体，是世界上存在最为广泛的文化大聚合、大集成。中国是世界上最早步入农耕文明的古国之一。远在上古时期，中国的先人在长期的农耕生活中认识到：种族要生存、繁衍，庄稼要有好收成，就必须"靠天吃饭"，"国之大事在农"，观察和掌握天象（日月星辰的变化）、物象（动植物随季节而生的变化）和气象（寒暑雨雪的变化）及其规律，顺应天地运行的节奏和气候变化的秩序，来合理地计划和安排其农业生产及日常生活。

为了准确地反映四季气温、降水、物候等诸多方面的变化情况，用以指导人们的生产生活，先人依据太阳在黄道的不同位置，确定出了岁时节气的概念，进而逐步总结归纳出"二十四节气"。岁时节令一经确立，一些特别的日期就凸显出来，它们作为农耕周期中的关节点而备受重视，每当特定的节气来临之时，都要举行与这个节气相应的仪式和庆典活动，农耕周期的演进，就好比竹子有节一样，人们进而发现岁时节令中有些特殊的日子，这个日子就是"节"日。

中国传统节日正是从时序上体现着一年四季春夏秋冬的递度演进，所以中国人一直有"四时八庆"的说法。春天，万物复苏，大地回春，从严寒中走来的春节、元宵节、中和节、清明节等节日，相继成为春季节日的序列。说到春天，共通的感觉就是春暖花开、春光明媚。新的一年到来之际，人们阖家团聚、拜年庆贺、舞龙观灯，尽情欢庆新春的到来；春天也是祭奠先祖的日子，纪念先人、踏青赏春、娱乐健身，在慎终追远中享受新春的赐福，准备以饱满的热情投入农耕播种。夏季是云彩最活跃、最生动的季节，端午节又不期而遇，人们佩艾采药、驱邪避毒、裹粽竞渡，斗草送扇、归省探亲，以期安度酷夏、消除邪秽。秋天是走向成熟的季节，秋高气爽、丹桂飘香，秋天的一景一物往往会触发深沉的怀念。七夕节、中元节、中秋节、重阳节等纷至沓来。

沉浸在丰收喜悦中的人们，乞灵巧、放河灯、赏秋月、玩秋菊、登高辞青，以多种方式庆贺丰收、祭奠亡灵、祈福纳祥。冬天是最为坚韧的时节，空气清冽流动，季节安静，光照绵延不息，瑞雪飘飞，腊八节、小年、除夕是对它最好的迎候。此时的人们忘记了寒冷，扫洒除疫、送灶祭祖、社火游街、欢欢乐乐地团圆守岁，品味着"天增岁月人增寿"的喜悦。四时节庆的和谐有序、错落有致，集中体现了人与自然的融洽互动，表达了我国各族人民应时而作、张弛有度的自然生活节律和独特的审美心理定势；反映了先秦以来历代人民在社会生活实践中，不断认识和改造自然，追求"天人合一"的理想境界。

中国传统节日的演进

萌芽期——先秦

历史上的传统节日得以存在和发展，离不开一个民族主体的精神活动。在原始社会，人们最基本的精神活动就是原始崇拜，包括原始神话、图腾崇拜、自然崇拜和鬼神崇拜，而这一切正是节日风俗萌芽期最为显著的特点。上古社会的人们，在严峻的社会现实面前，只能凭着质朴、直观和感性的思维方式去把握自然的表象。人们为了生存，总是小心翼翼地趋吉避害，规避许多灾难和祸患，并衍生出诸多的禁忌。如原始的祭月、拜月，就是日后中秋节赏月习俗的源头；而星辰崇拜中对织女星的祭祀，正是后世七夕拜星、乞巧习俗的来源之一。原始氏族把动物尊奉为神明，例如，龙是中国人最为普遍的图腾，后世中国人都称自己是"龙的传人"，端午节人们举行"龙舟竞渡"的活动，我们依然可以从中看见先民们"龙崇拜"的影子。此外，还有在天地崇拜中出现的"社日"和"立春"仪式。祖宗崇拜导致年节、中秋、冬至的祭祖和寒食、清明扫墓等习俗。同时，古人的鬼神观念，导致了诸多的驱鬼巫术和"驱傩仪式"，出现了门神、灶神以及腊月二十三日的送灶习俗。

当我们仔细探索古代的节日，还可以发现一个有趣的现象，这些传统节日几乎都是在农历的单日，尤其是单月单日，如一月一日元旦、三月三日上巳节、五月五日端阳节、七月七日七夕节、九月九日重阳节等。中国人喜欢讲双月双日、成双成对为吉利，为何节日大多是单月单日呢？其实这些节日并不像后世演化的那么欢天喜地，被人称之为"佳节良辰"。在节日风俗形成的初期，这些节日大抵是一些令人不安的日子，非"凶"即"恶"。因为是"凶日"或者"恶日"，所以才格外需要禁忌，也正是这些"恶月恶日"，才逐渐形成了节日风俗。

流传至今的春节、上巳、端午、中秋、冬至等节日元素，先秦时代大部分已经形成，但由于当时生产力水平的低下，改造自然以获取资源的能力还比较低，许多节日的风俗处于酝酿期，当时的节日比较少，内容不够丰富，在时间上也不是那么固定。

定型期——两汉

中国的传统节日，如元旦、元宵、寒食、端午、七夕、重阳等，到了两汉时期，大都基本定型。这不仅是

因为"汉承秦制",更重要的是国家的统一,社会出现了各种节日风俗得以定型的土壤和条件:

首先,在经历了几百年的战乱和纷争之后,汉朝出现了政治、经济前所未有的稳定局面。国家的统一和稳定使中原文化与荆楚、吴越、巴蜀、齐鲁以及北方文化得到相互吸收和融合。如汉朝的首都长安居民跳起了南方的楚舞,唱起了楚歌;中原的大量习俗也相继传到荆楚和百越之地。这说明,统一和融合,使共同的节日风俗的定型和整合有了可能。

其次,汉朝虽然迷信盛行,但科学的因素也在生长。古老的天文学在汉朝就有了长足的发展,制造浑天仪、地动仪和候风仪的大科学家张衡的出现,就是明证。科学萌芽的生长,中西文化的交流,如汉安帝永宁七年(公元120年)掸国王派遣使者入汉,在元旦佳节表演大秦幻术,令君臣观赏后大为赞叹。这种状况,打破了先秦节日风俗盲目崇拜自然的原始信仰和巫术倾向,汉武帝倡导的历法变革,更为节日风俗的定型整合确定了可靠的前提和基础。

第三,战国时代极其活跃的诸子百家的思想学说,尤其是邹衍创立的阴阳五行学说,与汉朝具有神学思想的董仲舒等人倡导的"天人感应论"相糅合,并且将木、火、土、金、水五行与方位、时序相配合,形成五德之说,再把五德与天、五行与人相附会,阴阳家更是将迷信禁忌具体活动划分到一年的四时八节、二十四节气中去,形成了一套程式化的岁时顺序,为中国节日风俗的定型蒙上了一片神秘的雾纱。

第四,汉朝的思想成果,在中国思想史上具有里程碑的意义。迷信盛行,使节日风俗打下了尊神事鬼的印记;神话流播,使节日风俗增添了浪漫的色彩。而日趋定型的节日风俗又为传播神话鬼话仙话提供了传播的媒介。

第五,汉朝节日风俗的定型还表现在,对一些历史人物的祭奠代替了以往的一些原始崇拜活动的内容。如屈原、介子推、伍子胥等由人而神,受到人们的传颂和崇拜,在诸多的节日风俗中凸现了人的作用,出现了有别于以往历史时期的新因素。与此同时,节日风俗和节日礼仪互为表里，融为一体，被人们约定俗成地沿袭下来。

变异期——魏晋南北朝

魏晋南北朝在中国历史上是一个充满冲突和融合的时期，宗教的参透、民族的融合、社会心理的失常，这些因素为中国节日风俗的发展带来了新的变量元素。

宗教的因素在节日风俗的发展中起到了催化剂的作用。首先是中国土生土长的道教的勃兴，"五斗米道""太平道"在民间的社会生活中形成势力；其次是在东汉末年传入中国的佛教，在中国以不可阻挡之势传播开来。这样就形成了一批在宗教影响下出现的新兴节日，如四月八日的浴佛节，道家称道的"三元节"，在南北各民族中广泛流行。七月十五日，是道家的"中元节"，同时又是佛教的"盂兰盆会节"，其首创者就是南北朝时的梁武帝萧衍。其他的节日如七夕、中秋、重阳等也不同程度地渗入了佛、道的影响，发生着前所未有的变化。

由于佛教、道教一起向中国传统的思想文化体系发起冲击，加之六朝时期政治风云变幻无常，政治动乱给人民生活带来无穷灾难，造成了反常的社会心理：悲观失望、消极颓废成为文人士大夫们的主要思潮，放浪形骸、纵情享受成为上流社会的生活目的。不正常的社会心理影响到节日风俗，出现了一系列怪诞荒唐的风俗时尚。至于节日期间，借登高之会，乘祓禊之时，宴享宾朋，曲水泛觞，纵饮酗酒，高谈阔论，诗酒风流，蔑视名教礼法，清谈漫论玄学等更是寻常之事。原来许多颇为严肃的节日风俗活动，此时人们已对其漫不经心，随意为之。相反，那些怪诞不经的妖异之事，迷信荒唐的无稽之谈，倒成了人们关心的话题。许多荒唐的神鬼传说与节日传说附会在一起，如这个时期的端午节，已经不是完全笼罩在"恶月恶日"的气氛中，相反却出现了"斗百草之戏"和"养鸟玩鸽"的娱乐活动。

魏晋南北朝时期，北方少数民族像"走马灯"一样入主中原，少数民族与汉族的杂居，自然要使风俗发生融合；再加上频繁的战乱，使北方人民不断大规模向南方迁徙，使汉族内部的南北风俗发生融合。如端午节的

"恶月恶日"原是北方中原人民的观念，此时也为南方人民所接受；再如端午节纪念历史人物，原先是各地有各地的英雄，可是，经过魏晋南北朝的民族大迁徙和融合后，南北节俗逐步融合为一，加之处于战乱中的人民都思念、敬佩伟大的爱国英雄，所以，此后以端午节纪念屈原说，纪念伍子胥说，再无多大争议，这正是南北风俗融合的结果使然。

变异期——隋唐到宋

中国的节日风俗发展到了唐宋年间，出现了划时代的变异。节日生活开始大规模地与城市生活密切结合，出现了前所未有的新变化，从一向充满迷信、禁忌、祓禊、禳除等神秘气氛中解放出来，而向着世俗化的娱乐型的方向转变，成为民间真正意义上的"佳节良辰"。这是因为，隋唐时期是中国封建社会的昌盛时期，国家赢得了空前的统一，农业生产从几百年的战乱中恢复起来，手工业、商业都十分发达。尤其是唐朝，从"贞观之治"到"开元之治"，经济繁荣，文化昌盛，决非前朝可比。

出现了"千百家如围棋局，十二街似种菜畦"的城市，令当时的欧洲人都叹为观止。社会经济的发展和人民生活的稳定，以及五光十色的城市生活的出现，给社会风俗的演变提供了历史条件，因此表现在节日风俗上的一个突出特点就是向娱乐型的演变。

喧闹的城市生活，使人们抓住传统节日的机会，表现自己的情感，发泄胸中的郁闷。元旦日的放爆竹，不再被看成是驱鬼驱魔，而象征着欢愉与热烈；元宵的祭神灯火，变成了人们游览观赏的花灯；中秋节由神秘的拜月逐渐变成赏月的习俗；重阳节已成了赏菊的盛会；上巳节被禊为踏青所取代；庄严神秘的"驱傩"仪式转化成街头的"百戏"和"杂耍"。城市生活中的节日频繁，人们也不愿总是守在家里，那些占据了豪华住宅的达官贵人也想外出炫耀一番，于是形成唐代节日风俗中出游的普遍。"游乐成观"，"仕女如云"，成为文人骚客笔下经常重复的题材。

节日风俗的变异，给民众的生活带来无数生气，大量的体育娱乐活动出现在唐代的节日里。尽管在魏晋南北朝时期节日娱乐活动就开始出现，但到唐代得到了放大和进一步扩展。就连有关节日的神话故事，也不再是那么狰狞可怖，而是变得生动滑稽，浪漫而富有诗情画意：织女成为真善美的化身，凶神恶煞的捉鬼门神也让位给唐朝屡建奇功的两位将军……这一切，反映出在那种充满奔放情调的时代，民众追求丰富的生活情趣，在平淡和枯燥的生活中，出现了一抹新奇的亮色。

当然，发达的封建社会经济，也给节日风俗带来了奢华之气。封建皇帝打着"与民同乐"的旗号，荒淫奢侈，穷奢极欲。达官贵人争相仿效，民间地主均竟比豪华，夸财斗富，讲究节日排场，浪费惊人。宋朝社会的节日风俗传承了唐朝，惟其国运不济，国力不振，失却了大唐热烈而奔放之气象，但宋朝将节日的奢华和淫靡之俗发展到了极致，著名的民俗学著作《东京梦华录》有大量记载。

稳定期——明清时期

明清以降，中国的节日风俗进入了相对稳定发展的阶段。今日中国社会生活所运行不废的节日风俗，大致在明清时期就已基本定型。不过，骨子里的变化要深刻和快捷得多。尤其是明朝万历年代之后，由于西方耶稣会士东来，也即外部文化力量得以引发和萌生新的思想，产生了强烈的变革要求，在晚明文化的变革期内，历史陈旧的传统受到了来自各种文化力量的猛烈冲击，给人以风气为之一变的感觉。这种风气突变的现象，实际上是城市商业繁荣、资本主义萌芽所导致的结果，表现在风俗与文化积淀的岁时节日，进一步朝着娱乐型的方向迅猛发展。无论是达官显宦，还是庶民百姓；是位居上尊还是贩夫走卒，抑或一生为了功名利禄，奔走尘俗的文士，一遇岁时节日，总为节日的气氛所感染，以致欣欣然乐而忘倦。元宵节的花灯烟火长达十夜，龙舟竞渡风采依旧，至于节日期间的玩狮舞龙，旱船秧歌，杂技百戏，体育活动，比之前朝有过之而无不及。而庙会的兴盛和盛大的娱乐狂欢活动，成为明清社会节日风俗的新亮点。起源于古老的祭社活动的庙会，到明清时代，内容更加丰富多彩，每年的活动也更为频繁，在庙会期间都要举行盛大的迎神赛社的活动，总要形成万人空巷的局面。民众一方面祈祷上苍神灵，以求保护他们一年人财两旺，灾患不生；另一方面，百姓在一年的辛劳之后，庆其有成，借庙会以求娱乐、享受，名为娱神，实质娱人。庙会和狂欢大大开阔了民众的视野，尤其是平日被锁在深宅大院与绣房闺阁里的妇女，只有当庙会、会社等活动时才得以外出，参加集会和看戏，这对于扩大妇女的社会交往和个性自由，起到了不可低估的作用。

与节日风俗相平行发展的传统儒学，演变成严重压抑人们思想的理学。明朝上层统治者以及文人士大夫阶层的复古之风日盛，封建礼教对人们的思想日益禁锢，这反映在节日风俗中，即为更加注重节日的礼仪性和应酬性。如新年拜谒，达官显宦限于"礼尚往来"，不能不相互拜谒，于是造成了"拜帖"的风行。再如在整个社会复古风气的引领下，许多节日风俗舍近而求远，民间驱傩的仪式，直接效法汉朝；门神在唐朝已经改为世俗的将军秦叔宝和尉迟敬德，到明朝一些达官显宦反而弃之不用，仍然恢复神荼、郁垒为门神。此外，由于整个社会资本主义萌芽的出现，男耕女织的家庭模式遭到破坏，沿袭多年的七夕节不太为人重视；大批离开土地谋生的劳动大军的出现，必定要冷落一向享有尊严的土地神，传统的社日为新兴市民生活的庙会逐渐取代。

历史的法则，就是不断地新陈代谢，节日风俗也毫无例外地按照这样的规律演进。

传统节日的文化价值与精神气质

原始人钻木取火、刀耕火种，崇拜自然、图腾、祖先与神灵；宗法制社会形态下，人们讲究长幼尊卑、人伦血亲、礼教德治。各个历史阶段，人们祭祖、拜月、踏青、登高、折柳驱邪……人类的行为、观念变成大多数人的约定认同成习惯性定势，则一种习俗就形成了。经过千百年的淬炼和世代相传，它已牢牢根植于中华民族的精神家园与文化情怀之中，成为中华民族悠久历史文化的重要组成部分，在国家与人民的社会生活中发挥着重要的作用与价值。据不完全统计，我国目前有全国性、地方性和民族性的传统节日达二百多种，而其中最主要的有春节、元宵、清明、端午、七夕、中秋、重阳、冬至、腊八等。

中国的自然条件与地理环境决定了早期的中国在漫长的历史时期，一直以农耕经济为主。在农耕文明中，人们发明了农具，培育出新的农作物，制定了一系列农业制度，形成了一整套农事习俗，创作了农事诗、各式图形等，这些都是农耕文化的积淀。据史籍记载，春节在唐虞时叫"载"，夏代叫"岁"，周代才叫"年"。"载""岁""年"都是指谷物生长周期，谷子一年一熟，所以春节一年一次，含有庆丰收的美好寓意。关于春节的另一种说法是：春节起源于原始社会末期的"腊祭"，当时每逢腊尽春来，先民便杀猪宰羊，祭祀神鬼与祖灵，祈求新的一年风调雨顺，免去灾祸。清明节本是二十四节气之一，这时，我国大部分地区气候温暖，草木萌茂，农业上开始忙于春耕春种。江南有农谚这样形容清明："清明谷雨两相连，浸种耕种莫迟延""种树造林，莫过清明"。关于中秋节的起源，有一种说法是秋报的遗俗，因为农历八月十五这一天恰好是稻米成熟的时刻，人们便在这个季节饮酒舞蹈，喜气洋洋地庆祝丰收……从传统节日的起源看，大多出于农耕目的，虽然在流传过程中，有些节日淡化了农耕印象，但传统节日体现或根植于古代农耕文化这一点是确定的。

对大自然的崇拜是先民最原始的崇拜形式之一，这里的大自然主要指太阳、月亮、大地及除此之外的自然物。《风土记》中记载："仲夏端午，烹鹜角黍"，端午节采粽叶、包粽子体现了人们对植物的崇拜。在中秋时节，古代贵族和文人学士会对着天上又亮又圆的一轮皓月，观赏祭拜，寄托情怀，无论是祭月还是赏月都体现了对月亮的崇拜。春节祭祖、清明扫墓是对祖先的崇拜。图腾崇拜是较为高级的宗教形式。原始先民都相信自己的氏族与某种动物、植物或无生物之间存在一种特殊的亲密关系，并以之作为氏族崇拜的对象。端午节赛龙舟的习俗早在屈原之前就出现了，这正体现了人们对龙图腾的崇拜。闻一多先生在《端午考》中说："距屈子投江千余年前,划龙舟之习俗就已存在于吴越水乡一带。目的是通过祭祀图腾——龙,以祈求避免常见的水旱之灾。祭祀之日便是端午,在水域中竞划刻着龙饰的舟船是'龙祭'的重要内容。"

中国长期处在宗法制社会形态下,在宗法制度下,人们重血缘人伦,讲究礼教德治、长幼尊卑、贵贱有别。宗法制社会形态下的一系列要求在传统节日中找到了很好的依托。春节祭祖、清明扫墓,把人置于血缘人伦中,体现出一种"人道亲亲"。《礼记·大传》中这样解释"人道亲亲":"亲亲故尊祖,尊祖故敬宗,敬宗故收族。"通过这种方式整个家族就以血缘人伦为纽带联系在一起了。无论是祭祖、扫墓,还是拜月、登高,都有严格的仪式,崔寔《四民月令》是这样形容春节祭祖的:"正月之朔,是为正日。躬率妻孥,洁祀祖祢。及祀日,进酒降神毕,乃家室尊卑,无大无小,以次列于先祖之前,子妇曾孙,各上椒酒于家长,称觞举寿,欣欣如也。"通过一系列固定仪式,实现了"尊尊"——长幼尊卑、贵贱有别,并且这种等级差别也与血缘人伦有关。通过传统节日中的血缘人伦纽带，尊尊与亲亲联系在一起，整个社会实现了从"家天下"到"国天下"的过渡，形成了家国同构格局。

中国传统节日不仅蕴含着优秀的民族精神，而且凝结着丰富的民族感情，是民众精神情感的重要寄托方式。今天的学者，对于传统节日的精神气质，不论如何概括，也不论有多少视角，其基本点大致不外乎我在拙著《中国民俗学通论》中所归纳的中国人民俗行为的五个特点：分别是"外圆内方""整体统合""和谐对称""道法自然"和"崇尚和顺"，具体在分析传统节日的文化内涵上，其基本精神表现为：

尊重生命，追求圆满。"天圆地方""乾刚坤柔"是中国古代非常重要的概念，天地、圆方、动静、刚柔、乾坤，都是相互对应的词汇，天为圆、地为方，天为刚、地为柔……用现代汉语的话说，非生命的"天象"是变化无常的，而生命的地球环境则是相对稳定（柔和平衡）的。在年复一年、循环往复、代代相传的传统节日之中，人始终是节日的主体。节庆活动的内容主要是以满足人的需要、和谐天人关系、展示人的才艺、进行人际交往为主。人们在节日中，或阖家团聚、欢庆交流，或探亲访友、男女相会，或祭祀祖先、追念先贤，或结伴出游、踏青赏月，或尊老爱幼、扶贫济困……人最可贵的是生命，中国每一个传统节日都体现了对生命的热爱，对健康的追求。通过传统节日，追求丰收富裕、平安和顺、生活美满、欢乐吉祥、健康长寿等共同的理想和愿望。这些心理诉求，不断通过欢度传统节日的方式，通过节庆的礼仪习俗得以表达和释放。民众最美好的向往是人间的亲近与和谐，最希望享受到的是和睦亲情的温暖，而传统节日作为文化生活的节点，是民众表达和抒发内心情感的最佳时机。

刚健有为，爱国情怀。中华民族以勤劳勇敢著称于世，具有一种刚健有为、自强不息的进取精神，这种民族特性和民族精神一直是中华民族奋发向上、蓬勃发展的动力。历史上寒食节与清明节的合二为一，"忠""义"的文化精神也成为中国传统观念中士大夫精神的渊源，孕育和造就了中国历史上无数仁人志士、英雄豪杰；端午节赛龙舟与纪念屈原的传说,使屈原成为爱国和忧民的化身,对屈原的纪念体现出一种赤诚爱国的文化精神。再比如寒食节中有关春秋时期介子推"割股"给处于困境中的公子重耳充饥的传说故事,也是忠义文化精神的具体表现。中国传统节日又是人们展示勤劳智慧、聪明才艺的最佳时机。元宵灯会的奇思妙想,庙会上的百戏杂陈,猜灯谜的联句咏诗,村妇村女的民间对歌,窗花剪纸的生动传神,秋千起伏,风筝入云,孔明灯升天,荷花灯入水,七夕的乞巧,重阳的登高……这些多姿多彩的节日民俗景象,充分反映了节日文化蕴涵的文化精神的巨大魅力。刚健有为、爱国情怀,正是中华民族不屈不挠、开拓进取、勇往直前的思想泉源。

天人合一,贵尚和美。前文已经论及,中国人"天人合一"的思想,最基本的涵义是充分肯定"自然界和精神的统一",关注人类行为与自然界的协调。中国传统节日蕴含着丰富的和谐理念,节日的源起便是先人将自然时间进程与社会生活节律有机结合的产物,节日中的各项娱乐活动、人际交往、饮食安排等都体现着人与自然的和谐、人与社会的和谐、人与人的和谐。除夕之夜，阖家团圆，一家人聚在一起和面包饺子，包汤圆，和面的"和"与"合"谐音，汤圆之"圆"更是团圆的象征。春节里的"拜年"与"团拜"，使亲朋邻里之间，消除了隔阂，增进了团结，可谓"一声恭喜，互泯恩仇"。元宵节，全家围坐在一起吃汤圆，又表达了人们希望生活团团圆圆、和谐美满的愿望。七夕节，牛郎织女的凄美传说，将中国人天长地久的爱情演绎得如此唯美和浪漫。中秋节，团圆团聚、家国和谐，是中华民族永恒的憧憬与追求。九九重阳，登高吃糕，寄托着人们健康长寿、实现人生境界步步高的美好愿望。

庄严仪式，珍贵记忆。古今中外，任何一种节日都会有它在漫长历史发展过程中所形成的各种传统仪式，这种与节日内容融为一体的民俗仪式，逐渐形成人们对世界与人生的祈求和寄托。缺少节日的仪式感，便缺少了对节日的尊重与敬畏。节日的各种仪式，有时就是节日内容本身，剥离了这些节日的仪式，等于让节日徒具外壳而显得干瘪无力。当然，节日的仪式也会随着岁月的流逝而发生变化，但哪怕再细小的仪式，其核心的形式是不会改变的，改变了这种仪式，也就等同于取消了这个节日。就看腊月廿三（有些地方是腊月廿四）的"送灶"，对于普通百姓来说，为什么一定要年年送灶？在他们的理解里，送过灶以后才能过年。意思是不送灶，就不能过年。送了灶后，那些家庭主妇们就为儿女们开始"忙年"了。皆因送过灶神爷，一切都已放心，她们眉眼舒展，手脚安稳，不慌不忙，平心静气，做她们要做的一切。世世代代的民众就是这样执着，历经世事多难人间沧桑，他们也不会改变这种仪式的作用，就在这平安、祥和的目光中走到新年里。春节之所以流传千百年，在于这个节日的民俗仪式和仪式背后深厚的文化渊源。从某种意义上说，它们也是中华民族的珍贵记忆，通过扫尘、贴春联、贴窗花、穿新衣、办年货等民俗仪式具体而细致地展现出来，此外还有诸如辟邪、祈福、祭祖、教化、娱乐、团圆、交友等等，显示了春节功能的广泛性和多样性。通过种种仪式，人与人之间会展示出人性中最美好的一面。人们不仅能够获得物质上的享受，而且也可获得一种精神的净化。

游艺纷呈，精彩展示。传统节日是整个民族文化的节点，是民俗文化的盛会。诗词、戏曲、歌舞、绘画、剪纸、武术、杂技……一切文学和艺术形式都在春节中得到淋漓尽致的发挥。通过各种游艺活动，人们充分展示自己多方面的才华，一切美术的、音乐的、舞蹈的、演艺的、工艺的，各种审美表现在春节期间都可以尽情展示自己的独特魅力。传统的民间游艺与杂耍，包括太平鼓、舞龙、舞狮、高跷、秧歌、大头宝宝、抬阁、脑阁、跑旱船、霸王鞭等这些老百姓喜闻乐见的民俗歌舞，在大河上下、大江南北源远流长。五光十色、多姿多彩的民俗游艺活动形式，同样也凝聚了传承千载的中国人的民族情感。节日聚焦了中国人的伦理情感、生命意识、审美意识与人文情怀，所以，各种传统节日里的游艺活动，以及种种节日禁忌（语言、行为、饮食）等，都是中国人情感的大展示。传统节日是一个完整的文化生态，是一个时间意义上特定的文化空间，它涉及信仰、伦理、情感、文化方式等方方面面。民众的各种艺术创造与娱乐活动形式，在某种意义上可以说，也在推动着传统节日习俗的发展和进步。

传统节日的传承之路

20世纪以降，特别是进入21世纪之后，科技革命突飞猛进，传媒技术日新月异，使得世界逐渐成为一个"地球村"，人类的生活方式、组织形式乃至文化意识的巨大变化，使我们强烈地感受到"世易俗移"。

呈现在我们面前的是这样一幅图景：包括传统节日在内的传统文化显得有点尴尬，大量非物质文化遗产也已无可奈何地逐渐式微；以节日民俗而言，很多传统节日变得徒有虚名，有些节日甚至已经名存实亡。例如，传统的中秋节，人们在种满桂花树的院子里赏月，听嫦娥奔月的故事，对月高歌，把酒问天，是一道非常富有诗意与想象力的壮美情景。可如今拔地而起的座座高楼，到处闪耀着刺眼的霓虹灯，人与月亮日渐疏远，赏月习俗逐渐淡去，中秋节只剩下月饼的传递。其他传统节日，如春节就剩下年夜饭，端午节剩下粽子，元宵节就是元宵和汤圆……现代化促使人们改变了生活方式，越来越多的人渐渐漠视了传统节日的文化和精神价值，许多传统节日逐渐被"淡化"与"矮化"。

这些年每逢新春佳节到来的时候，大家都有一种有关"年味"浓淡的感叹，许多城市都做出了禁止燃放鞭炮的规定。最近几年来，每到春节来临，网络媒体上对"年味"问题争论异常激烈，有人说眼下年味越来越淡，也有人说现在人们生活质量提高了，你就感觉不到年味了。不论哪一种说法，比照过去，如今的年味确实是逐渐趋淡了。不要说远，就是与1950年代相比，尽管那时新中国刚刚建立，过春节时，小孩子拿着压岁钱，穿上新衣裳，在鞭炮浓烈的硝烟味中，尽情释放着童趣……而通衢闹市的年景，一家家人和和美美地团聚，走亲戚串门子的高兴劲……年味，就是让人世间的亲情、友情和爱情浓缩其中的一种人情味。如果，对照这种年味，现在的年味当然是淡了。

记得明代苏州的才子文征明曾经有《拜年》诗云"我亦随人投数纸,世情嫌简不嫌虚"。那个时候的过年,适应着社会生产力水平并不那么高的农业文明。虽然"年"本身在民间故事中是一只怪兽,但是当它侵扰人类的时候,我们的老祖宗就已经知道在门户上张贴红色门签、"福"及对联,使"年"畏缩逃走。当然,人们为了彻底地赶走"年"要经过"守夜",于是年夜饭后一家人围坐在一起诉说衷肠,把春夏秋冬的经历和感受在这个除夕之夜中畅谈,享受着丰衣足食后的安康生活,也坚信只有家庭的温暖和团结才能战胜怪兽"年"的侵扰。那个年代,农村过年流行这样的老俗话:"谁家烟囱先冒烟,谁家高粱先红尖。"也许是为了来年的好收成,面向黄土背朝青天的农家人,总是用祷告和期盼来早早地熬粥,把一年的祈望又寄托在了天地之间。

然而,时代毕竟不同了,在当代信息文明与现代通信技术的冲击下,一顿丰盛的年夜饭已经很难成为过年的期待;人们不再为买一件新衣服而倍感欢欣,同样,人们也不再觉得看一场节奏缓慢的地方戏曲是一种文化享受。如今，在各地打拼谋生的人们，亲人之间聚少离多，已经成为一种无奈的现实；单调乏味、冷若冰霜，面对水泥森林般的城市生活，阻碍了人与人的亲切沟通；全国一台已经定了模式、总是那几张脸的春晚，似乎成了"食之无味，弃之可惜"的鸡肋……一句话，对于当代的社会生活而言，传统的年文化活动较少创新，是人们感觉年味越来越淡的主要原因。

这就涉及传统节日的传承之路怎么走的问题。应该说，传统节日的习俗不是一成不变的，它应该适应现代社会的发展而变化。既然过传统节日是我们民族共同创造、共同享受的民俗文化，应该说，传统和现代并不矛盾，对于中国传统节日的复兴，我们应该有一种文化自信。中国传统节日的文化内涵深厚而富有韵味，需要让大家更多地了解，需要变化多样的形式，而不能总是喋喋不休地怀念从前。

优秀传统文化不仅为社会主义核心价值观提供了丰厚的思想资源，也提供了可资借鉴的有效方法和途径。包括传统节日在内的传统文化是不会也不可能自动实现现代转化的，它需要我们尊重文化发展规律，根据时代发展的需要进行自觉地转换和推动。2013年12月30日，在中共中央政治局第十二次集体学习时，习近平总书记就指出："要继承和弘扬我国人民在长期实践中培育和形成的传统美德，坚持马克思主义道德观、坚持社会主义道德观，在去粗取精、去伪存真的基础上，坚持古为今用、推陈出新，努力实现中华传统美德的创造性转化、创新性发展，引导人们向往和追求讲道德、尊道德、守道德的生活，让13亿人的每一分子都成为传播中华美德、中华文化的主体。"这"创造性转化、创新性发展"的"双创"思路，就是对待优秀传统节日的正确态度和方法。

创造性转化，就是要按照时代特点和要求，对那些至今仍有借鉴价值的内涵进行继承，对陈旧的表现形式加以改造，赋予其新的时代内涵和现代表现形式，激活其生命力。任何一种传统节日文化，作为一种历史的遗存，必然带有无法剔除的天然缺陷，必然是精华与糟粕交织、纠缠在一起，其思想高度与思想限度也总是瑕瑜互见。这就需要我们对传统节日的文化资源做一番理清的功夫,理清传统节日文化的历史渊源、发展脉络、基本走向,破译其中适合当代社会发展的优秀基因,梳理出"古今通理"的价值理念和精神标识,并赋予其时代内涵,推进传统节日文化向现代的延续和发展。要做创造性转化的过程,就是要坚持正确的立场、观点和方法,需要对传统节日文化有一个抽丝剥茧的过程,根据时代发展需要赋予其新生命的化蛹为蝶的过程。

创新性发展,就是要按照时代的新进步、新发展,对中华优秀传统节日的文化内涵加以补充、拓展、完善,增强其影响力和感召力。如果说,在历时性上,"创造性转化"是从过去如何走向现在的话,那么,"创新性发展"就是从现在如何走向未来,即如何赋予"传统"以现代生命,促其拓展、完善和发展。例如,对于传统春节,作为个人和家庭,不能总是沉浸在麻将、扑克或者网络游戏的俗套中,是否可以按照新的时代特点,多一点文化策划,多一点文化创新,来丰富年节活动的形式,提升传统节日仪式感与新鲜度。无论任何时候,活在今天的"传统"都将与负载着传统的"现代"纠缠在一起，以物质遗存和精神遗存的形式，为现代社会的人们、为现代社会的生活方式和治理方式提供思想资源，持续地发挥影响。

中国的传统节日是农业社会和农耕文明的产儿，传统节日本质上大都是农村的节日。可是，眼前的社会却有向城市化迈进的迅猛势头。在现代科技一日千里和新兴传播媒介日益兴盛的环境下，在市场消费占主导地位的环境下，最要紧的是加强对传统节日的创造性转换与创新性发展，从自然生态与人的关系、人与文化的关系方面，去关注那些与自然、与人类和谐相处的文化生态，保护与传统节日相关的游艺、祭祀、饮食等习俗，及与其相互依存着的民间艺术，在深化改革开放的大潮中，为保护与利用传统节日资源闯出一条新路来。

壹 华彩新年

春节

春节，顾名思义就是春天的节日。春天来临，万象更新，新一轮播种和收获的季节又要开始。人们有足够的理由载歌载舞来迎接这个节日。春节原名"元旦"，隋代杜台卿在《玉烛宝典》中说："正月为端月，其一日为元日，亦云正朝，亦云元朔。""元"的本意为"头"，后引申为"开始"，因为这一天是一年的头一天，春季的头一天，正月的头一天，所以称为"三元"；因为这一天还是岁之朝，月之朝，日之朝，所以又称"三朝"；又因为它是第一个朔日，朔，是天文学名词，又称新月，指的是农历每月的初一，所以又有"元朔"之称。宋吴自牧在《梦梁录》中解释:"正月朔日,谓之元旦"。《说文解字》中对"旦"字的解释为"从日见一上,一,地也。"表示太阳刚刚从地平线上升起,就是早晨的意思。因为它分别表示一年的第一个早晨,正月的第一个早晨,所以称"元旦"和"正旦"。除上述称谓外,春节还称"开年""开岁""芳岁""华岁"等,在诸多称谓中以称"元旦"最普遍,时间最长久。

春节的起源

"春节"的起源和农业生产密不可分，大约在新石器时期，先民们根据农作物的生长周期发现了春夏秋冬四季交替的规律，由此有了"年"的概念。中国是个古老的多民族国家。不同历史时期的不同民族都曾经根据自己的文化传统和风俗习惯确定过自己的元旦。上古时期颛顼帝和夏代都以孟春正月为元，即使用建寅的夏历，以农历正月初一为元旦；商代使用殷历，殷历建丑，以农历十二月初一为元旦；周代使用周历，以农历十一月初一为元旦；秦代使用秦历，秦历建亥，以农历十月初一为元旦；西汉前期仍然使用秦历，汉武帝太初元年（公元104年）改用司马迁、洛下闳创制的太初历，又重新使用建寅的夏历，以农历正月初一为元旦。以后除王莽和魏明帝一度改用建丑的殷历，唐武后和肃宗时改用建子的周历外，各朝代均使用夏历至清朝末年。

"春节"这一词，在不同的历史时期，还有不同的特指。汉朝时，人们把二十四节气的第一个立春称"春节"。南北朝时，人们把整个春季叫"春节"。辛亥革命后，南京临时政府为了"顺农时"和"便于统计"，规定在民间使用夏历，在政府机关、厂矿、学校和团体中实行公历，以公历的元月一日为元旦，因为农历正月初一通常都在立春前后，因而把农历正月初一定为"春节"。1949年中国人民政治协商会议第一次全体会议通过"使用公元纪年"决议，"春节"之名进一步确定。

春节是个亲人团聚的节日，离家的游子这时要不远千里回到父母家里，家人要围坐在一起包饺子，吃团圆饭。节日喜庆气氛要持续将近一个月，从腊月廿三开始直到正月十五。正月初一前有祭灶、祭祖等仪式；节中有给小孩压岁钱、亲朋好友拜年等典礼；节后半月又是元宵节，这时花灯满城，游人满街，盛况空前。元宵节过后，春节才算结束。

习俗风尚

春节的习俗活动，一般指除夕和正月初一。但在民间，传统意义上的春节是从腊月初八的腊祭或腊月廿三（有的地方是腊月廿四）的祭灶，一直到正月十五，其中以除夕和正月初一为高潮。其时间跨度之长，节日内容之丰富，胜于其他各种节日。现略述如下：

扫尘。也叫"扫年""扫房""除尘"。是流行于全国各地的习俗。一般在腊月二十三祭灶前后，俗谚有"腊月二十三，掸尘扫房子"的说法。因临近春节，家家户户都要清洗家具拆洗被褥，洒扫庭除。古语云"仁胜凶邪，德除不祥"，人们除旧迎新，祓除不祥。这多少反映了中国劳动人民爱清洁、讲卫生的习惯传统，并得以代代相传。

办年货。一般从腊八之后，为春节前置办过年用品的活动。春节将临，有关店铺开始售卖神马、香烛等敬神敬祖的用品。腊月十五之后，各种年货摊逐渐增多。因除夕夜各家天地桌要排五碗"蜜供"、一堂"平安吉庆"（苹果、橘子的谐音）、各类干鲜果品，以及过年的食品等，多数人家在腊月廿五、廿六日前一定置办齐全。那情景就如同当今过年之前消费者人流如潮、争先恐后购物一样。

忙年。差不多在置办年货的同时，指迎接过年的整个过程。家家户户杀猪宰羊，做年糕，蒸馒头，买糖果，备供品。此外，还要准备除夕之夜的"年夜饭"，间或亲朋互访，迎来送往。人们忙忙碌碌，过年的气氛也逐渐浓烈起来。

守岁。在"一夜连双岁，五更分二年"的除夕之夜，全家人吃好"年夜饭"，男女老少围炉而坐，边吃瓜果，边叙旧事，通宵不眠，叫做"守岁"。

贴春联、挂年画。春联，又叫"对联""门对""对子"，是春节时贴在门上的吉祥语，由上联、下联和横披组成。春联起源于五代"桃符"的对子。它是中国独创的一种文学样式。年画是伴随春庆祈年和驱瘟辟邪的活动而产生的一种绘画艺术。年画起源于门神画，与"桃符"具有同样的历史。鲜红的春联，崭新的年画，抒发了人们美好的愿望，点缀出一派喜气洋洋的盎然春色。

开门爆竹。中国人在节日喜庆的场合里，最不可缺少的就是爆竹了。而春节爆竹兼有吉庆和除旧布新的双重意义，因此春节开门第一件事就是燃放爆竹。燃放鞭炮庆贺春节，在中国至少有两千多年的历史。鞭炮起源于古代的"庭燎"。古人称之为"爆竹"，一说是为了驱逐"年兽"，另一说是为了驱除山鬼。人们为了岁岁平安，子时燃放鞭炮烟花称为"开门爆竹"。无论在通衢大邑，还是穷乡僻壤，爆竹声的此起彼伏，给节日更增添了热闹的气氛。

拜年。拜年是从家里开始的。小辈起床后必须先向长辈拜年，长辈在接受年礼后，要将事先准备好、用红纸包着的礼金给未成年的小辈,称为"压岁钱"。从家里出去,人们相遇时总要笑容满面地恭贺新禧,说些"恭喜发财""四季如意""新年快乐""新年好"等吉祥话。而左邻右舍、亲朋好友之间更需登门拜年,互致祝福。

舞龙和舞狮。新春街头熙熙攘攘,更多的人是四处闲逛,观看街头的百艺杂陈。其中最为著名的是舞龙和舞狮。龙,是中国文化的象征;狮,有"狮极兴隆""勇冠三军"的寓意,还具有中华民族"雄狮"崛起的伟大象征。舞龙和舞狮,都是春节的两项传统文娱活动。其他还有许多社火杂耍、变戏法等娱乐活动。

清代中后期的道光、咸丰年间(1821—1861),江苏吴县(今苏州)有个学者叫顾禄,字总之,一字铁卿,自号"茶磨山人"。此公仕途不顺,但他撰写的《清嘉录》给我们描述了两百年前的江南人如何过春节的习俗,其中有:

祭祖祀神。新年伊始,就要祭祖祀神。家家"元旦为岁朝,悬神轴于堂中,陈设几案,具香烛,以祈一岁之安",希望通过这种虔诚的祈求,神灵能保佑一年的平安。此外还有些今天看来有些滑稽的忌讳，"俗忌扫地、乞火、汲水、倾秽、灌粪。讳啜粥及汤茶淘饭"，大概也都是为了使神仙赏心悦目吧。正月初一这天，苏州就有"展先像"的习俗。所谓"先像"，也就是先人的画像，也叫"挂喜神"。每个喜神前要备桌案，设香烛、盅筷、果盘等。全家人整肃衣冠，在一家之主的带领下依次跪拜先人。有的要挂三天，有的要挂五天、十天，更甚者要挂到正月十五才收起来。除了在家中祭祀先人，当然也会有人带上糖茶果盘到祖坟上祭祀先人，这在《清嘉录》里叫做"上年坟"。

年节酒。人们辛苦劳作了一年，当然要趁过年的时候好好联络亲友。过年的时候，要相互拜年。在家中，男女依次向家中长辈拜年，长辈要带领晚辈到邻里家去拜年。有的一年都不联系的人，也要趁过年走动走动。互相请客吃饭也是自然之理，顾禄《清嘉录》称之为"年节酒"。酒席上的菜肴当然是来不及现做的，所以苏州人往往从腊月就开始制备年货，家家均必须有足够待客直至正月十五之量。

开市、接财神。正月初五，各商店开市，一大早就金锣爆竹、牲醴毕陈，以迎接财神。《清嘉录》中引了一首蔡云的竹枝词，描绘了苏州人初五迎财神的情形："五日财源五日求，一年心愿一时酬；提防别处迎神早，隔夜匆匆抱路头。""抱路头"亦即"迎财神"。旧俗春节期间大小店铺从大年初一起关门，而在正月初五开市。俗以正月初五为财神圣日，认为选择这一天开市必将招财进宝。

春节的习俗风尚，象征兴旺发达，催人奋发图强，是一个充满活力和希望的节日。"闹元宵"过后，人们重又开始正常的作息。尽管《清嘉录》里记载的过年习俗历经二百年的"日变益新"，有些已经湮没无闻。但是对于中华民族而言，有一点终究是亘古不变的：过年是四季忙碌生活的一次终结，辛苦一年的人们在此期间停下脚步，暂作休息；同时春节又是另一年的伊始，寄托了人们对于未来崭新的希望。

春节传说与故事

在春节这一传统节日期间,我国的汉族和大多数少数民族都要举行各种活动以示庆祝。这些活动均以祭祀神佛、祭奠祖先、除旧布新、迎禧接福、祈求丰年为主要内容,活动丰富多彩,带有浓郁的民族特色。在这些年节活动的背后都留存着许多美好的传说与故事。

"年"的传说。"年"最初的含义与农业作业方式有关,人们把谷的生长周期叫做"年"。《说文·禾部》:"年,谷熟也。"《谷梁传·宣公十六年》称:"五谷大熟为有年",稻谷一熟就称作一年,"有年"指的是丰收,收成很好。《诗·豳风·七月》记载,古代人们过年,农民要喝"春酒",祝"改岁"。到了晋代,增添了放爆竹的项目,即将竹子放置在熊熊的大火中,那些受热的竹子就会发出噼噼啪啪的爆裂之声,这样节日的氛围就会更加浓烈。在清人的笔记中,对于新年的记载更是不胜枚举。

关于"年"的传说,最为家喻户晓的有两种:一为"年兽"说,一为"万年历"说。"年兽"说讲的是"年"是一种怪兽,常年深居海底,每到除夕就会爬上岸来伤害人畜。由于它凶猛异常,人们都无法消灭它,于是只能拖家带口到深山中去躲避这头凶残的怪兽。后来人们由于得到了一位仙人的帮助,了解了"年"这么勇猛的怪兽竟然害怕火光,害怕红色,更害怕爆炸的声响,于是人们就开始贴红纸制作的春联,点红烛,挂大红的灯笼,放噼里啪啦的爆竹。

"万年历"说更贴近生活一些。据说在上古夏商周时的商朝,有个姓万名年的青年才俊,他看到当时的节令很是混乱,甚至影响到了人们的农耕与生活安排,于是就下定决心,一定要靠自己的努力,修订好历法。功夫不负有心人，过了好多个春秋寒暑，万年终于取得成功，于是带上自己制作的日晷仪和漏水器求见天子，并得到了天子的赏识。恰好这时天子边上有一个阿衡的官吏，他也正在蛊惑天子定期祭祀天神。阿衡是个妒忌贤能的家伙，他担心万年抢去他的风头，于是收买了杀手，欲置万年于死地。可惜杀手失败了，天子震怒之下将阿衡绳之以法。事后，在旧岁已完，时又新春之际，天子于是就定下了"过年"的名称，并将万年所设定的历法称为"万年历"。

从此每年除夕，家家贴红对联、燃放爆竹；户户烛火通明、守更待岁。初一一大早，还要走亲串友道喜问好。这风俗越传越广，春节也成了中国民间最隆重的传统节日。

爆竹与守岁的传说。这个传说也与"年兽"有关。说"年兽"的形貌狰狞，生性凶残，专食飞禽走兽、鳞介虫豸，一天换一种口味，从磕头虫一直吃到大活人，于是人们谈"年"色变。慢慢地，人们掌握了"年"的活动规律，原来它每隔三百六十五天窜到人群聚居的地方尝一次口鲜，而且出没的时间都是在天黑以后，等到鸡鸣破晓，它们便返回山林中去了。所以民众将除夕夜视为可怕的一夜，古称"关煞"，俗称"年关"。那么，怎样度过"年关"呢？终于有人想出了一整套"过年关"的办法：每到这一天晚上，家家户户提前做好晚饭，熄火净灶，再把鸡圈牛栏全部拴牢，然后把宅院的大门封住，躲在屋里吃"年夜饭"——由于这顿晚餐非同寻常，具有凶吉未卜的意味，所以置办得很丰盛，除了要全家老小围在一起用餐表示和睦团圆外，还须在吃饭前先祭祖祀神，祈求祖先的神灵保佑他们平平安安地度过这一夜。吃过晚饭后，谁都不敢睡觉，挤坐在一起闲聊壮胆，一直要熬过到天空出现鱼肚白。天亮了，度过"年关"的人们欣喜不已，谢天谢地谢祖宗，互相祝贺没有被"年兽"吃掉……人们见面互相拱手作揖，祝贺道喜。此后，人们知道"年兽"怕红、怕光、怕响声，于是每至年末岁首，家家户户就贴红纸、穿红袍、挂红灯、敲锣打鼓、燃放爆竹，这样"年兽"就不敢再来了。在《诗经·小雅·庭燎》篇中，就有"庭燎之光"的记载。所谓"庭燎"就是用竹竿之类制作的火炬。竹竿燃烧后，竹节里的空气膨胀，竹腔爆裂，发出噼噼啪啪的响声，这也即是"爆竹"的由来。

这种现象逐渐演变成绵绵相传的"过年"和"拜年"的风俗。"拜年"风俗的通常顺序是：先拜天地，次拜祖宗，再拜高堂，然后出门去拜亲朋友好；亦有初一拜本家、初二拜岳家、初三拜亲戚……等等。一直要拜到正月十五，所谓"拜个晚年"，大概就是这么来的。

其实，守岁的习俗，既含有对如水逝去的岁月的惜别留恋之情，又有对来临的新年寄以美好希望之意。古人有一首《守岁》诗中写道："相邀守岁阿戎家，蜡炬传红向碧纱；三十六旬都浪过，偏从此夜惜年华。"珍惜年华是人之常情，故大诗人苏轼写下了《守岁》名句："明年岂无年，心事恐蹉跎；努力尽今夕，少年犹可夸！"由此可见除夕守岁的积极意义。

接财神的传说。民间传说正月初五是财神的生日，所以过了年初一，接下来最重要的活动就是接财神。而且越是经济发达地区，"接财神"的习俗就越是丰富。

"财神"何许人也？根据《封神榜》所说，财神姓赵名公明。他原在峨眉山罗浮洞修道，因助纣攻打武王，死后被封为"金龙如意正一龙虎玄坛真君之神"，并统领"招宝天尊""纳珍天尊""招财使者""利市仙官"四个部下。他们的职责都与财富有关。根据传说，赵公明本为终南山人，自秦时就隐居深山，精修至道，功成之后，玉皇大帝封他为"正一玄坛元帅"，简称"赵玄坛"。初五接财神，赵玄坛最受尊拜。许多商店、住宅都供奉他的木版印刷神像：玄坛面似锅底，手执钢鞭，身骑黑虎，极其威武。

以后财神有了文武之分，"文财神"财帛星君，也称"增福财神"。他的绘像经常与"福""禄""寿"三星和喜神列在一起，合起来为福、禄、寿、财、喜。财帛星君脸白发长，手捧一个宝盆，"招财进宝"四字由此而来。"武财神"关圣帝君即关羽关云长。传说关云长管过兵马站，长于算数，发明日清薄，而且讲信用、重义气，故为商家所崇祀。一般商家以关公为他们的守护神，关公同时被视为招财进宝的财神爷。

在南方，人们将财神视为五路神。所谓五路，即东西南北中，意为出门五路，皆可得财。清代顾禄《清嘉录》云："正月初五日，为路头神诞辰。金锣爆竹，牲醴毕陈，以争先为利市，必早起迎之，谓之接路头。"又说："今之路头，是五祀中之行神。所谓五路，当是东西南北中耳。"上海习俗中，正月初五有抢路头的习俗。正月初四子夜，备好祭牲、糕果、香烛等物，并鸣锣击鼓焚香礼拜，虔诚恭敬迎财神。初五日俗传是财神诞辰，为争利市，故先于初四接之，名曰"抢路头"，又称"接财神"。五祀即祭户神、灶神、土神、门神、行神，所谓"路头"，即五祀中的神。凡接财神须供羊头与鲤鱼，供羊头有"吉祥"之意，供鲤鱼是图"鱼"与"余"谐音，图个吉利。人们深信只要能够得到财神显灵，便可发财致富。

因此，每到过年，人们都在正月初五零时零分，打开大门和窗户，燃香放爆竹，点烟花，向财神表示欢迎。接过财神，大家还要吃路头酒，往往吃到天亮。大家满怀发财的希望，但愿财神爷能把金银财宝带来家里，在新的一年里大发大富。

贴春联的传说。春联又叫"对联""门联",源于古代"桃符"。宋代王安石诗云"总把新桃换旧符",指的就是这种桃符。据古书记载:度朔山桃树蔽日,内有神荼、郁垒二神,能食百鬼。故百姓在除夕时画二神于桃木之上,悬挂门外,以驱鬼避邪,这种桃木片是没有字的。后来,后蜀国君孟昶在除夕时令手下人作词写在桃符上面,写得他不满意,便亲笔在桃木条上写了一对联语:"新年纳余庆,嘉节号长春",这就是中国第一副对联的由来。到了明代明太祖朱元璋喜爱春联,并下圣旨推广。《簪云楼杂话》记载:"帝都金陵,除夕前忽传旨,公卿士庶之家,门口须加春联一副,帝朱元璋微行出观。"春联的命名始于明代。据说有一次朱元璋微服私访出宫看春联,见一户未挂春联,一问是个杀猪阉猪的屠户,不会写字,便笑着帮那阉猪的写了一副:"双手劈开生死路,一刀斩断是非根"。朱元璋丘八出身,粗鲁是粗鲁一些,也算是为春联留下一段佳话。

挂年画与贴春联具有同样的意义,都有辟邪纳福的因子，只不过古代是贴在门上而不是贴在室内，所谓"画虎于门""贴画鸡于户上"就是这个意思。宋代发明了雕版画以后，称之为纸画。到了明代，开始有了"年俗画"的记载，但仍不叫做年画。直到清光绪年间"戊戌变法"时，社会生活各方面都在搞"改良"，改良派提出年俗画应该配合社会改革，首先提出"改良年画"的主张。随即，有些画店就首先刻印了一些反映禁吸鸦片、兴办学堂、女子自强等内容的宣传画，称为"改良年画"。从此，"年画"的称呼才使用开来。从清代中叶开始，以天津杨柳青、山东潍坊、苏州桃花坞和四川绵阳的年画最为有名。二十世纪二十年代初，上海开始出现用胶板印刷的"月份牌"年画，兼用作商业宣传广告。传统的年画多为木刻水印，色彩鲜明，画面热闹，线条单纯。题材主要有五谷丰登、春牛、风景、花鸟和一些祭祀内容等。当代的年画在传统的基础上推陈出新，从工艺到题材都丰富多彩，很受人们欢迎，广大农村的春节仍在普遍使用，并且作为旅游工艺品出口到很多国家。

包饺子与吃年糕的传说。春节饮食也是丰富多彩的，北方人吃饺子，南方人吃年糕，可谓源远流长。饺子已有一千多年的历史，历代曾叫牢丸、水角、馄饨、饽饽等。后来怎么叫饺子呢？饺的原名叫"角"，"粉角"即用面粉做的角，"水角"指用水煮的角，因北方人发音"角""饺"相似，后来就说成"饺"子了。三国时《广雅》一书载："馄饨，形如偃月，天下之通食也"。这个馄饨就是饺子，偃月就是半月形。唐《酉阳杂俎》有"笼上牢丸——蒸饺"、"汤中牢丸——水饺"的描述。新疆吐鲁番出土的唐墓中，木碗中就盛着饺子。北方人在年三十晚上吃饺子，誉它为"天下通食"。一是取其谐音"更岁交子"，喻辞旧迎新；二是取其吉形，因饺子酷似元宝，喻国泰民富"招财进宝"。无论是宫中还是贩夫走卒，老百姓过年"无家不饺子"，连那些种庄稼赶大车的汉子，老婆也要包一些四个车轮状的饺子给他吃，以求来年五谷丰登，车马平安。

南方多数地区过年家家吃年糕。现代我国年糕已有南北两式，苏州年糕有两千多年历史。苏州古城在春秋时代为吴国国都，据传说，吴王阖闾命伍子胥筑城，建成后大宴群臣，惟伍子胥开心不起来，他预见到吴王骄奢，国家迟早将亡。伍子胥留下密嘱："我死后，如国家遭难，民饥无食，可往相门（苏州六个主要城门之一）城下掘地三尺得食。"果如所料，伍子胥后来遭诬陷身亡，吴国被越军横扫而灭。这时都城断粮，饿殍遍野，有人突然想到了伍子胥生前的嘱咐，便带领百姓前往相门拆城掘地，这才发现原来相门的城砖不是泥土做的，而是用糯米磨成粉做成的。从此，苏州人民为了纪念并铭记伍子胥的功绩与忠烈，就在春节这一天家家吃年糕，并一直流传到今天。

贰 上元佳节

元宵

"东风夜放花千树，更吹落、星如雨。宝马雕车香满路。风箫声动，玉壶光转，一夜鱼龙舞。"宋人辛弃疾《青玉案·元夕》对当时的元宵佳节的灯火作出了精彩的描绘。新年的第一个月圆之夜，在民众生活中有着不寻常的意义。元宵节又名"灯节"，起于汉，兴于隋唐，盛于宋明，至清代达到极致。这天晚上，皓月高悬，人们团聚一堂，吃完热腾腾的元宵，走到户外，闹花灯、放焰火、猜灯谜、社火、迎月、走三桥……将新年气氛推向最后的高潮。元宵节传承至今已有两千多年的历史，除了家庭团圆，浪漫也是元宵节的特色之一。

元宵节的起源

元宵,也称"上元节""灯节""元夕节"。按照中国古代的习惯,把农历的正月十五称为"上元",七月十五称为"中元",十月十五称为"下元"。"元"指月亮正圆。夜,谓之"宵"。正月十五日是一年中的第一个月圆之夜,称为"元宵",古人也将之称为"元夕"。

元宵节起源于远古时代人们以火把驱邪的仪式。汉朝武帝时,罢黜百家,独尊儒术,在诸神中也强调祭祀泰一神。"泰一神",也称"太乙神",是北极神的别名,据说是主宰一切的神。在正月十五皇家举行祭祀大典,张灯结彩,通宵达旦。相传另一位汉代皇帝汉文帝也和元宵节有关，他是在大将周勃戡平"诸吕之乱"之后即位称帝的，而戡平叛乱的日子正是正月十五，所以此后每逢正月十五夜汉文帝都要出宫游玩，与民同乐，并且确定这天为元宵节。

不过，和汉室的两位皇帝有关的正月十五夜祭太一、游玩，并无张灯、放火的记载。到了东汉，汉明帝笃信佛教，则敕令元宵燃灯，从而形成了后世张灯、观灯的习俗。汉明帝敕令燃灯与佛教有关，《西域记》称古印度摩揭陀国正月十五日有观看佛舍利放光雨花之举，届时僧徒俗众云集，颇为可观。汉明帝为了弘扬佛法，便下令正月十五夜在宫廷和寺院"燃灯表佛"，令士族、庶民一律挂灯，遂相沿成俗。隋唐诸朝之后，"上元"又与放灯相结合，演变成民间盛大的元宵佳节，张灯时间也从一夜增至三夜。

元宵节的形成，还关系到古代国家制度的一些调整。中国历史发展到汉代，已经远离了自由的、朝气蓬勃的先秦，社会管理趋于严格。当时的都市实行"宵禁"，专门有执金吾者站岗执勤。但宵禁不利于元宵玩乐，所以朝廷调整为金吾不禁。《汉书》说："执金吾掌禁夜行，唯正月十五敕许弛禁，谓之'放夜'。"汉末以后，战乱连年，民生凋敝，娱乐活动难以展开。至隋，国家又趋于统一，节俗活动也就盛行起来。而当此之时，却有人出于礼教和国力的考虑，上疏奏请禁止元宵活动，结果隋文帝"诏可其奏"（见《隋书·柳彧传》）。史载文帝在位期间，还有官吏因元宵夜禁不力而被罢官的，可见当时禁令之严。富有喜剧色彩的是，隋文帝禁元宵，他儿子隋炀帝则一改父制，大开元宵之禁，带头大肆铺张元宵的张灯、游玩活动，以至于后人称"今人元宵行乐，盖始盛于此"（《资治通鉴·隋纪》，胡三省注）。

唐朝是自汉以后中国历史上又一个大一统的王朝，其国力之雄厚、社会之繁荣则更是空前绝后。唐都长安也和西周两汉一样，例行宵禁，但唯独元宵节期间特许弛禁放夜。此后的宋元明清，元宵节一直是热热闹闹，花样翻新，新意叠出，一代盛过一代。今天，无论乡村还是都市，元宵节也仍然是一年里最为热闹的节日。

元宵节习俗风尚

闹花灯。元宵节是名符其实的"灯节",燃灯、观灯是这个节日最主要的活动内容。从正月十三"上灯日"开始,市肆就挂出各式花灯供人购买,谓为灯市。十四日"试灯",各处纷纷搭起牌楼、鳌山、灯棚,并燃放烟火,预庆元宵节。十五日是"正灯",灯节的正日子,各处有灯会、比赛花灯,小孩也高兴地提着灯笼四处游观玩耍。这种欢乐的场景一直要持续到十八日"落灯"止。关于灯节起源,一直有许多不同的传说:有说起源于释道的宗教活动;有说汉武帝时流传下来的;也有说形成于唐朝;民间还有认为灯节是"放哨火"的发展,春耕之前将干枯杂草烧掉可以除虫害；更有许多与神话相关的故事与传说。不论如何众说纷纭，灯，总是象征美好、光明、喜庆和吉祥。唐朝以后，燃灯和观灯逐渐脱离了宗教色彩，成为民众盛大的娱乐活动。

猜灯谜。正月十五除放灯之外，不少地方还设有灯谜盛会。人们倘佯于花鸟鱼虫、百态千姿的彩灯前，为上面包罗万象的新奇谜语而绞尽脑汁、冥思苦想。猜不出是一种乐趣；猜出后则手舞足蹈、抚掌叫绝。灯谜的确是一种饶有风趣、有益智力发展的活动。灯谜是写在彩灯上的谜语，其起因相传与春秋时期的游说之士周游列国时以借喻、暗示的方式表达自己意见有关。由于谜语含义丰富，亦庄亦谐，既能启迪智慧，又能开人笑颜，所以自秦汉以后，骚人墨客以猜谜为乐事。谜语作为人民口头创作的一种游戏，新鲜有趣，源远流长。元宵节期间，人们将谜语写在花灯上，让过路行人猜射，更丰富了人们的节日生活。

跑旱船、舞龙灯、耍狮子。跑旱船原先是北方无水地区过端午节时模拟性的划龙舟活动。端午节划龙船的原始目的是迎祭龙神，后因正月间加入了舞龙的节目，跑旱船随之也加入了元宵节的娱乐活动。舞龙灯、耍狮子的活动除了祭田祖、祈甘雨的因素之外，舞龙还有祈生育和却病强身的企盼。

元宵迎紫姑。紫姑不仅是传说中的蚕神、谷神、厕神、占卜神，而且还是一位主生育的女神。中国各地在元宵节这天，常常伴以妇女祈子、祈生育的习俗，应该是与紫姑神有关。在广东、福建一带言"人丁"之"丁"与"灯"谐音，旧时代这两个地区生男孩的家庭在元宵节要在祖宗祠堂升花灯以示庆贺，未生子者也要升花灯，为添丁之兆。有的地方则流行着窃取人家门前的灯笼以为生子之兆。

妇女冶游和"走百病"。中国古代虽然以种种礼教对妇女进行身心束缚，但在元宵节和中秋节，均要暂时地解脱对妇女的种种限制和束缚，允许其离开闺房外出参与娱乐。元宵节观灯，往往是少女幽会佳偶、结识意中人的大好时机，浮男浪女也借此机会相互挑逗作乐。在元宵节期间总会出现一些爱情佳话或者男女绯闻。"走百病",也叫"走三桥",据说元宵节妇女群游,游城墙,摸城门钉,走桥等,可以治病强身,抖去晦气,祈免灾咎等。

元宵灯节的浪漫意蕴

元宵节与灯。自古有关元宵节的见解众说纷纭,但是不论有多少说法,却都有一个共同点,那就是元宵节的起源都离不开与灯的联系,元宵灯节抒发着古老中国人的浪漫情怀。

雄才大略的汉武帝定国安邦,对于老百姓的礼俗也有所创制。汉武帝采纳方士的奏请,设坛祀太一神,这个说法在《史记》中有确切的记载。《史记·乐书》说:"汉常以正月上辛祠太一甘泉,以昏时夜祠,望明而终。"汉武帝倡导通宵达旦地祭祀太一神,灯火通明,民间竞起仿效,相沿成俗,形成了张灯结彩的习俗。汉明帝的燃灯表佛说，也载入史册。宋代学者高承撰《事物纪原》作此表述。这说明灯与元宵的联系在佛教传入中国以后所产生的影响。

其三，唐代道教盛行，道教为天官、地官、水官分别编排出了生日，由此形成道教的三种节日。正月十五日是上元天官生日，为上元节；七月十五日是中元地官生日，为中元节；十月十五日是下元水官的生日，为下元节。道教每逢三节，都要举行祭祀活动，祭祀都要燃灯，彻夜不灭。

按道家文化的说法，"三元日"中，正月十五为上元，天官赐福；七月十五为中元，地官赦罪；十月十五为下元，水官解厄。道家文化认为"三官"不仅掌控着人间的福祸，还负责着鬼神的升转。至于"三官"的来历，道家本身有许多不同的说法，有兴趣的研究者可以慢慢索引钩沉。古籍《古今图书集成·神异典》卷四十六引《蠡海集》上说："三官起源于金、土、水三气。"明清之际，这类记载很多，清代姚福均《铸鼎余闻》则说"三官俱周幽王谏臣"，即唐宏、葛雍、周武。还有一个广泛流传的民间故事：说有一个叫陈子梼的人，生得聪明俊秀，被龙王选中，将三个女儿都嫁给了他。三个龙女各生一子，三子的生日便是正月十五、七月十五和十月十五日。长大后，三人俱神通广大，法力无边，故被元始天尊封为"三官"。"三官信仰"由来已久，早在东汉后期便已流传，当时张鲁的五斗米道和张角的太平道曾作"三官书"，为人消灾治病，免罪祈福。即在道徒中设鬼吏，为病者请祷，书病人姓字，说服罪之意。作书三通，其一上之天，置山上，其一埋于地，其一沉于水，谓之三官手书。1982年5月，河南登封县一位农民在嵩山峻极峰顶的石缝中，发现一道武则天时的金简，其内容就是祈求"三官"为武则天免罪降福。据清赵翼《陔余丛考》称，"三元日之俗"始于北魏时期，应该是与中国土生土长的道家文化有着密切的联系。

至于元宵张灯到底从哪一年开始，说法就很多了。不论有多少说法，至少反映了元宵节在逐渐形成过程中的不同阶段的情况，表明元宵节是由多种文化因子与习俗逐步复合而成的。而且，各种说法都离不开"灯"，后世有关元宵节的习俗几乎没有离开"灯"的。从宋元明清之后的元宵节情况来看,灯节、灯市、灯谜之盛,可谓盛况空前。元宵节与灯的关系,如同鱼和水一样,是不能分离的。

燃灯与祈吉。为什么元宵节离不开灯呢?它与元宵节的形成历程有什么内在联系呢?从先秦时代老百姓祭天燃烧的柴火,发展到西汉祭祀太一神,再发展到东汉时期祭祀佛祖的长明灯,以及发展到唐朝祭祀天官的灯烛,民众过节始终包含着对神灵,其中主要是天神赐吉的祈求。因此,元宵花灯的深层文化内涵是祈求风调雨顺、五谷丰登、万事如意。

元宵花灯象征风调雨顺、五谷丰登。花灯盛会多书祈年吉祥语,如正月十五"湖北黄陂,各村都出灯会,牙牌上书'风调雨顺''国泰民安''五风十雨'和'万紫千红'等句,随后有高跷、锣鼓、龙灯等"。花灯的饰纹和制作造型也寄寓了年丰的吉祥意义。还有不少地方会为元宵喜庆活动专门扎制动植物花灯,如鱼、虾、蟹、荷、藕、龙、凤等,寄托着人们祈望新的一年丰收富裕的美好心愿。不少地方又有将祈年的花灯与祭社神、谷神联系起来，表达人们对于丰年的祈望。

民国三年《和顺县志》说："十五日，'上元节'。里巷立社。蒸层糕插连藁谷供神，逐门张灯三夜，以祈丰年。"值得注意的是，一些地方的农村，在元宵夜，还保留了先秦烧火祭天祈年礼仪的变形遗存形式，突出表现了元宵灯火的吉祥意义。江苏南通有正月十五日放烧火习俗，即以火祭田祈年，系以火祭天变形而来。"月望之夜，用草把柏枝握于手中，燃其一端，旋舞不已，且高声歌唱。"所歌多为祝年之辞。"南通农家风俗，名曰放烧火，年年正月望有此举动也。"在江浙一带称"放烧火"为"烧田蚕"，烧火祭神则又演变成驱除虫害之巫术。灯节晚上，农民带着火炬，照遍稻田。祈求来年土地肥沃，庄稼长得好。祭祀天神的以火祈年、以火祈吉，在传承中又流变为以火驱除损害庄稼的害虫和野兽的巫术祈年活动，但其中仍隐含原型祈吉的因子。因此，在不少地方，不论元宵节的形式如何变化，它总是表达出元宵灯火祈吉年的共同主题。

灯节与人丁。元宵花灯的另一个民俗意蕴是它象征子嗣繁衍、人丁兴旺。此种意义也与敬神祈吉有着密切关系。以火祭天神或其他神灵，本身就包含祈子之义。传统的农业社会是一个人力社会，男耕女织，人，尤其是男人，总是兴旺之本、富裕之源。元宵灯节形成后，人们又根据灯与"丁"同部首的关系，将元宵花灯与生男子息联系起来，认为花灯具有使妇女生子的神力。在闽南、粤东方言中，"丁"与"灯"谐音，两地人们则据此认为花灯有兆生男的吉祥意义。因此，元宵节挂灯、送灯、妇女观灯等，都具有祈求生子，尤其是生男孩的意义。而且不独是两广地区，就是在江苏，也有元宵节给不生育者老而无子者送"小红灯"的习俗。《中华全国风俗志》下篇卷三说："江苏（淮安）旧历元宵节后，二月二日以前，此十数日间，有所谓送子者焉。此事亦系出于亲友所为。盖凡老年无子，及成婚多年而无生育者，亲友知其盼子心切，咸乐送之。然送者非人，乃一纸糊之小红灯耳。"在广东东莞有"灯头生日，回家接子"的习俗，就是正月十三日掌灯时分，凡是新娘子，必须回到夫家，说是到娘家"接子"回夫家。去年生了男孩子的人家，今年必须在神明和祖先之前，点一盏纸灯；又在正月初二到十三之内，拣一个吉利日子，在宗祠和神堂正中挂一盏很大的八角纸灯，两旁和大门口，都挂莲花灯一对。

广东翁源要举行"庆灯"，日子是预先择定的，也有在十三或十四举办的。这一天，凡是去年生了儿子的人家，必得先备花灯：纸灯的中间置油灯一盏，把它用红绳吊到宗祠的梁上去，同时敲着锣鼓，放着鞭炮，意思是"灯"愈闹而"丁"愈旺。另外还得买许多灯，一种叫"鼓子灯"的，必须送给神庙；一种叫"莲花灯"的，得送给观音庙。这天大家要大吃大喝，酒席由生子的人家或宗祠来备办。开始举杯的时候，大家该说吉利的颂词："恭喜，多生贵丁！添丁！添丁！"即使在祖国宝岛台湾过元宵，也相当热闹，除了"弄龙""弄狮"，还有"贯灯脚"的习俗。这天夜里妇女们多去参拜"注生娘娘"，祝生麟儿。有谚云："贯脚灯，生生抛；过脚灯，生生抛。"所以她们多悬灯彩于自家的屋檐下，自己又提了灯在悬着的灯下走过，说如此行动，这年可生男孩。

灯节与吉祥物。一年到头辛勤劳作的人们，总是对于未来寄托着憧憬与希望。人们不仅向花灯祈年、祈吉、祈子，而且向其祈求多种多样吉祥之事，诸如进财、长寿、健康、升迁等等。花灯所包含的吉祥意义往往是多元混杂的。旧时普遍流行的"富贵寿考"灯，就包含了多种吉祥意义。该灯分四面，绘有天竹子、腊梅、百合、柿子、灵芝和松枝，分别象征寿命绵长、百事如意、长生不老、子孙繁昌等意义。还有一种"富贵多子"灯，则多以牡丹图案象征富贵，以石榴象征多子。"三阳开泰"灯绘三只羊：一只为母羊，另两只为小羊，一头小羊吃草，一头小羊跪在母羊腹下吮乳。"羊"与"阳"同音，"三羊"表"三阳"，象征春回大地，万物滋生，欣欣向荣。"八结灯"是福建泉州的一带的花灯："闽南民间喜庆风俗，用一根红绳打成回形八结，象征吉神，八结灯仿此造型。"由于将元宵花灯视为生育吉祥物，尤其是被认为是生男之兆，所义又被新婚人家用来卜生男生女。泉州习俗，元宵节娘家必须送给新婚的女儿、女婿一对莲花灯，其中一红一白，挂在新人床上，元宵之夜点灯，视两灯熄灭之后卜生男或育女。陕西长安县女儿出嫁后，每年农历正月初八到十五之间，娘家要给女儿送灯笼。头一年须送大宫灯一对，彩绘四面玻璃灯一对。如果女儿怀孕，除送一对大宫灯外，还要送一对至两对小红灯笼。每对灯都要配上蜡烛，要点多少天，就配上多少根蜡烛。送宫灯与玻璃灯是祝福女儿吉星高照、幸福美满，实际上已经包含了辟邪求吉的意味；送小灯笼是祝愿女儿平安生子。这是用不同的灯分别来表现灯所包含的吉祥意义。江苏一带的人家只在女儿出嫁的第一个灯节给女儿、女婿送各式花灯，以祝子与辟邪。在不少地方新妇分娩后，亲友要送灯祝贺，称"添灯"，即"添丁"之意，其意义在于借灯的辟邪功能驱除缠绕新生儿的邪气，使其健康成长。

上海的元宵节俗

上海是一个以江南文化为底色的移民大都市，在传统农业社会，上海人的元宵节过得有滋有味，上海各个郊县都有很有意思的元宵节俗。上海著名的历史民俗文化专家薛理勇先生曾经考证过老上海人过元宵节的情景：

上海县（今闵行区）农民元宵夜食南瓜、苦草、高粱圆子，黄、绿、红三色兆丰年；或做12只大圆子，用手指在圆子顶端揿出潭印，蒸熟后看潭中积水多少，以卜当年每月雨水。

川沙（今浦东新区）居民元宵爱吃谢年的"收心馄饨"。入夜，寺庙前高悬七层至九层红灯，农人手持火把走在田头"调火龙",唱:"花三担,稻六石,赤米绿豆收两石",祝祷丰收;他们还点燃田边茅草,俗称"炭茅柴"。

南汇(今浦东新区)地方家家做高粱、糯米圆子,中午包馄饨。夜里,孩子们玩"炭茅荡",举着火把绕着自家的田头边跑边喊一些祝愿自己家种的庄稼比别人好的话。

宝山的桶形天灯别有情趣,油灯点燃,带着人们美好的祈愿冉冉飘向深邃的夜空……

奉贤元宵夜,农家点燃天香蜡烛,祥瑞之光可兆丰年。此地做的汤圆大不同,花包形称"花包圆",稻堆形称"稻堆圆",寓意粮棉大丰收。

崇明地方糯米茧团形状巧,两头大来中间小。元宵中午,包的馄饨叫"兜财"。下午,用筷子插上茧团,放置田头,祈求丰收,叫做"斋田头"。夜里,高竹竿上挂红灯,走村儿童提彩灯,还有人玩"攒火球,照田财"。

金山、松江地区元宵夜,有人在田间挥野火,有人把灯笼檐前挂。有人上街舞龙灯,有人出行"串马灯"。

嘉定农家正月半吃的馄饨叫做贺年羹，又以面粉团捏成缸甏等状蒸煮，称为"蒸缸甏"。看"缸甏"潭内水汽多少，卜一年之晴雨。

青浦有些人家爱吃用荠菜、油豆腐、粳米粉等做的糊涂羹，寓意太平无事糊里糊涂过一年。

上海农村农田里挂上一盏灯，称作"望田灯"，预兆五谷丰登，讨个太平年成。吴淞一带店家挂跑马灯、鱼灯等，乡间各庙宴神，在庙门前立灯塔、架桥灯，饶有情趣。

至于二十世纪三十年代的上海，市民过元宵节也很有趣味。旧时申城除抗战期间和社会激烈动荡的年头外，每年元宵节前，城隍庙一带大小店铺、住户开始张挂起用绫绢或纸等其他材料制作的五光十色的彩灯，有婴戏、祥云、银丝、兰草、荷花、彩虾、蝙蝠、凤蝶、金蟾、飞鸟、八仙和走马灯，还有兔子、螃蟹、鲤鱼、鳌山、蚌壳、福字、风车灯等。豫园内的四美轩、得月楼等茶楼、扇庄、店铺还在彩灯下悬挂灯谜给游人"猜谜谜子"。元宵节大街上有舞龙灯、戏狮子等表演，龙灯分金龙、青龙、白龙。舞龙灯边行进边翻滚,舞者如痴,观者如云。豫园元宵灯会精彩纷呈,《瀛壖杂志》记:"上元之夕,罗绮成群,管弦如沸,火树银花,异常璀璨,园中茗寮重敞,游人毕集……远近亭台,灯火多于繁星,爆竹之声累累如贯珠不绝,借以争奇角胜。"这一夜,沪城内外大街深巷上,小囡低拉兔子灯、大孩高举小红灯,灿灿华灯,如流星闪闪,几分神秘,恍如梦境!诗云:"错认瑶池却未真,满园花柳及时新。试灯风里游人集,半是嬉春半探春。""十里珠帘都不卷,看灯人看看灯人"。夜深,豫园九曲桥等处燃放大花筒、九龙、花蝴蝶等焰火……

叁 梨花寒食

清明

唐代诗人杜牧有"清明时节雨纷纷，路上行人欲断魂，借问酒家何处有，牧童遥指杏花村"（《清明》）的诗，明代诗人高启也有一首很有名的诗："满衣血泪与尘埃，乱后还乡亦可哀。风雨梨花寒食过，几家坟上子孙来？"（《送陈秀才还沙上省墓》）他们的诗形象地记述了人们上坟归来时的心情，脍炙人口，千古传诵。

清明节在中国传统节日中含有特别的意义：一是指二十四节气之一，时间在农历的三月，相当于公历的4月5日左右。"清明"标志季候和农业活动的节气，故对农业生产非常重要；二是指节日，是民间缅怀先人、祭扫陵墓的日子。清明作为一个节日，由来已久，这个节日与古代的寒食节和上巳节具有渊源关系。古代中国社会组织以氏族为基础、以家族为中心，人们慎终追远，把对于宗庙、祠堂、祖坟的祭祀一向看得极重，认为是追根思源、籍申孝忱的表现。在漫长的历史长河中，清明节逐渐演化为民俗节日，具有三个特点：第一，在近世社会生活中，清明节融合了历史上的寒食节、上巳节等节日内容，又是一个与农事节令紧密结合的节日；第二，清明节的特殊内涵在于，它既是一个追忆和祭奠先人的肃穆日子，也是人们踏青游玩、享受春天无穷乐趣的节日，其规模之大，差不多仅次于春节；第三，它是一个与传统农时节律"二十四节气"相吻合的节日，逝者与生者，哀伤与欢乐，一对人世间的悖论，在清明节得到了充分的协调和安排。

清明节的起源

中国的传统节日大抵都与祭祀有着千丝万缕的联系。清明节脱胎于寒食节，如今已大抵成为学界的共识。唐代之前的寒食节，民间也称为"禁烟节""冷节""百五节"，因为在夏历冬至后一百零五日，清明节气之前的一二日。因此每到寒食节时，民间禁烟火，吃冷食，并逐渐增加了祭扫、踏青、秋千、蹴鞠、牵勾、斗卵等风俗。寒食节前后绵延两千余年，曾被称为民间第一大祭日。

所谓"祭日"，就是祭祀春秋时期晋国的介子推（？—公元前636）。其又名介之推，后人尊为介子，春秋时期晋国（今山西介休市）人，生于闻喜户头村，长在夏县裴介村，因"割股奉君"，隐居"不言禄"之壮举，深得世人怀念。介之推死后葬于介休绵山，晋文公重耳深为愧疚，遂改绵山为介山，并立庙祭祀，由此产生了"寒食节"。"之推言避世，山火遂焚身。四海同寒食，千古为一人。深冤何用道，峻迹古无邻。魂魄山河气，风雷御宇神。光烟榆柳火，怨曲龙蛇新。可叹文公霸，平生负此臣。"唐代诗人卢象这首《寒食》诗，所言即是寒食节的来历——"之推绵山焚身"的故事。

相传当时介之推与晋文公重耳流亡列国，介之推割股肉供文公充饥。晋文公重耳复国后，介之推不求利禄，与母归隐绵山。文公焚山以求之，之推坚决不出山，抱树而死。文公葬其尸于绵山，修祠立庙，并下令于子推焚死之日禁火寒食，以寄哀思，后相沿成俗。

寒食节相沿持续两千多年，历代文人骚客追悯昔贤，写出了数以千计的寒食诗歌："晋阳寒食地，风俗旧来传……"（唐王昌龄《寒食即事》）；"只今禁火悲寒食，胜却年年挂纸钱"（唐胡曾《绵上气节》）；"士甘焚死不公侯，满眼蓬蒿共一丘"（宋黄庭坚《清明》）；"绵山经月火不灭……留于千年作寒食"（明李东阳《西涯乐府》）；"岁岁逢寒食，其为惆怅人"（明谢榛《绵山怀古》）；"民间禁火寒食节，绵上遗封莽未耘"（明愈汝为《过绵山吊介之推》）；"年年寒食动春愁，生不明心死便休。但使亡人能返国，耻将股肉易封侯"（明林魁《寒食题介子祠》）；"百年节岁同寒食，万里封疆立介休"（明吕解元《绵山吊介子》）……

然而，对于一个历史人物的怜悯爱惜之情，是很难支撑起全民族的"寒食"祭祀风俗的。众多的学者都曾经指出，寒食节纪念绵山之焚的故事，只是节日的表层现象，而且可能就是一种附会。寒食节真正的来历和意义却是与华夏民族的火崇拜和火观念密切相关，究其初源，来自华夏文化"改火"的风俗。如学者考证后指出：焚火一事本与介子推无关，而且介子推并不一定死于自焚。子推燔死之说，始于《庄子》。《左传》上只说"晋侯求之不获"，《史记》上只说"闻其于绵上山中"，都未说到进一步的下落。《庄子》寓言十九，借事寓情，恐非实录。但是这则寓言，充分表达了清廉谦退的道德情操，符合"人能弘道"的中国人文精神，于是博得汉代人士的一再表彰，并在民间倍受崇信。人民要表达对介子推精神的纪念，需要将这种情怀落到一个实处。正如为纪念屈原精神而利用了龙舟竞渡古俗一样，要纪念子推精神，便利用了一个与火有关的古俗。这个古俗，便是"禁火"。而所以要禁火，原来是为了"改火"。

早在远古时期，当人们懂得以太阳和月亮来指示季节以前，曾有过很长一段时期，是以恒星大火（心宿二）作为示时星象安排生产和生活的。《维基百科》上说："人类对恒星的观测历史悠久。古埃及以天狼星在东方地平线的出现，预示尼罗河泛滥的日子。中国商朝就设立专门官员观测大火在东方的出现，确定岁首的时刻，与作物播种与收割并列在卜辞中。"那时候，天上的大火和人间的火，被想象为有着某种神秘关系。每当仲春时节大火昏见东方之时，被认为是新年的开始，有一套隆重的祭祀仪式。仪式之一便是熄灭掉去年薪火相传下来的全部旧火，代之以重新钻燧取出的新火，作为新的一年生产和生活的起点：其名目叫做"改火"。"中春以木铎修火禁于国中",所谓"修火禁",说白了就是禁火,是提醒和监督世人将过去岁月留下的旧火全部熄灭,以表示与过去的一年告别,开始新的生活,使人间的火与天上的火一致。古人认为"天人感应","天人合一",从天象的变化可以推知人类将要发生的事情。人顺天而行,"天"就现吉象,人间必会五谷丰登、风调雨顺、国泰民安。人若是逆天而为、干了坏事,"天"就降凶兆,人间就会干旱少雨、发生洪涝灾害、兵变民乱等。所以古人很重视对天象的观测,"改火"就是使人事与天象合一。

改火自然要有一个过渡期,民众势必要准备出足够的熟食来,也就是在禁火之前准备好食物,古人称之为"炊熟":"寻常京师以冬至后一百五日为大寒食,前一日谓之炊熟。"抑或"造饧、大麦粥"。饧,用麦芽或谷芽熬成的饴糖。熟食之中,特别值得一提的是煮鸡子。鸡子不仅易得易存,而且更具备生生不已、一元复始(鸡鸣为一日之始)的象征特性。所以《荆楚岁时记》上还有"斗鸡、镂鸡子(染色并雕镂)、斗鸡子"一说。这些熟食是在禁火之后改火之前的一个月、七天或三天冷吃的，所以叫"寒食"。

随着观察天象比附人事的火历逐渐为阴阳历取代，禁火、寒食、改火作为礼仪，渐渐失去存在价值；而作为习俗，当然还会延续一段时间。这时候，民众拿与火有关的介子推故事填充进来，使古俗重新具有一种与时代精神相吻合的人文新意，确实是一项了不起的创造，也是文化演化的一个典型事例。

寒食节与上巳节向清明节的过渡

寒食节禁火,人们只能吃冷食。所以在节日之前,民间就准备了各种各样的可供冷食的寒食食品。如山西晋南地区民间习惯吃凉粉、凉面、凉糕等等;晋北地区习惯以炒奇(即将糕面或白面蒸熟后切成骰子般大小的方块,晒干后用土炒黄)作为寒食日的食品;还有些地方会将五谷杂粮炒熟,拌上各类干果脯,磨成面来吃。说起寒食节的食品,各地自有各地的食俗习惯,像是寒食粥、寒食面、寒食浆、青精饭及饧等;用于祭祀拜祖的贡品食物有:面燕、蛇盘兔、枣饼、细稞、神䭢等;饮料有春酒、新茶、清泉甘水等数十种之多。其中多数寓意深刻，如祭食蛇盘兔，俗有"蛇盘兔，必定富"之说，意为企盼民富国强。

其他还有如杏仁麦粥，即醴酪。"寒食三日作醴酪"，醴酪是一种以麦芽糖调制的杏仁麦粥。一直到隋唐时，醴酪都是寒食节的主要食品；贾思勰的《齐民要术》中记载了一种寒食节的食品——环饼。"环饼，一名寒具，以蜜调水溲面"，油炸至金黄色后即可食用，味道极为脆美，相当近似现在的点心；宋代，除了街市上所卖的稠饧、麦糕、乳酪、乳饼等现成的食品之外，人家也自制一种燕子形的面食，称为"枣锢飞燕"，据说是从前用来祭拜介子推的祭品。明朝时，人们还会留下一部分的枣锢飞燕，到了立夏，用油煎给家中的孩童吃，据说吃了以后，可以不蛀夏；还有一种寒食节食品"青精饭"，"杨桐叶、细冬青，临水生者尤茂。居人遇寒食采其叶染饭，色青而有光，食之资阳气。谓之杨桐饭，道家谓之青精饭，石饥饭。"寒食清明染青饭的习俗似乎在南方较为流行；青团，"古人寒食，采桐杨叶，染饭青色以祭，资阳气也。今变为青白团子，乃此义也。"清代《清嘉录》解释："市上卖青团熟藕，为祀先之品，皆可冷食。"寒食节时吃的"青白团子"，是在糯米中加入雀麦草汁舂合而成，馅料则多为枣泥或豆沙。放入蒸笼之前，先以新芦叶垫底，蒸热后色泽翠绿可爱，又带有芦叶的清香；桃花粥，唐代民间寒食食品。以新鲜之桃花瓣煮粥，至明末此俗犹存，"洛阳人家，寒食装万花舆，煮桃花粥。""三月三刘郎到了，携手儿妆楼，桃花粥吃个饱。"无疑，在寒食节的特色节令食品中，桃花粥最令人青睐。此外，还有杨花粥、梅花粥等春日花卉入粥。至于民间，一般贩夫走卒寒食节食鸡蛋、寒食饼、寒食面、寒食浆、枣饼、春酒、红藕、香椿芽拌面馎、嫩柳叶拌豆腐……真是多得眼花缭乱。寒食节虽然远去了，但留下的特色食俗却顽强地留存于各地民间。

寒食节本无扫墓风俗，西汉末年到魏晋时期的寒食节还只是一个单一性、地方性的民间节日，节俗活动也不够丰富，仅有禁火和寒食，流传区域集中在晋地。到南北朝时，其节俗活动中开始出现了扫墓。扫墓，谓之对祖先的"思时之敬"，隋唐五代时期称寒食展墓。所谓

"展墓",就是省视坟墓。"吾闻之也,去国则哭於墓而后行,反其国不哭,展墓而入。"宋代大文豪司马光《辞坟》诗云:"十年一展墓,旬浃复东旋。"其过程大致是寒食节这一天,一家人或一族人一同到先祖坟地,然后致祭、添土、挂纸钱。因这项活动与千家万户的生老死葬休戚相关,因而在民间尤为看重。但在唐代开元年代之前,民间盛行的这种拜墓活动还被视为"野祭"。所谓"野祭",自然是在在野外祭祀,但也暗含非官方提倡的民间行为。"山东名高平,是亮(诸葛亮)宿营处,有亮庙。亮薨,百姓野祭。""寒食野祭而焚纸钱。"清计东《宣府中元夜即事》诗:"战场多旧鬼,野祭有遗黎。"唐开元二十年,唐玄宗组织官方编修五礼时,为了给世人这种追贤思孝的"野祭"正名,特敕令将寒食节上墓编入五礼之中的第一项吉礼中,使其永为恒式。此后,寒食节展墓名正言顺地成为官方认同倡导的拜扫礼节,扫墓的内容正式加入。皇家从此也跻身于寒食祭陵展墓的行列,同时最隆重的也是皇家祭陵。唐贞观时规定,皇祖以上至太祖陵寒食日设祭。唐代或早于开元年间的唐中宗时期，魏元忠请求回乡上墓拜扫，中宗特赐银千两。唐宪宗元和元年（806年）三月，诏常参官寒食节拜墓，归定在畿内听假月往还，他州府以"奏取进止"。这也是提倡朝官寒食拜扫祖墓的记载。

宋代以后，缘于寒食节一百五与清明节长期处在同一令节期间，寒食展墓内容基本相沿不变，但寒食名称历经数百年演变，逐渐被"清明"所替代。"清明日，官员士庶俱出郊省坟"；南宋孟元老《东京梦华录》中记有朝廷清明节期间（不是二十四节的清明节）有关扫墓活动的安排："清明节，禁中前半月发宫人车马朝陵，宗室、南班近亲亦分遣谐诸陵坟，从人皆紫衫、白绢、三角子青行缠，皆系官给。节日禁中出车马，诣奉先寺道者，院祀诸宫入坟墓非金妆，绀幰、锦额、珠廉、绣扇双遮，纱笼前导。"明代有一首为宫廷中扫墓的纪实之作："长春门里清明日，上苑兰风花鸟繁。焚却纸钱啼泣罢，又随龙辇向西园。"

从展墓、墓祭到正式扫墓，寒食节不断丰富了祭扫先人的节俗，这就为清明节登堂入室作出了最好的铺垫。

展读当今的有关典籍，清明在唐朝之前还没有成为节日。这里有必要提一下上巳节，上巳节古时在农历三月初三日，俗称三月三。相传三月三也是黄帝的诞辰，因而是一个纪念人文初祖黄帝的节日。魏晋以后，上巳节改为三月三，后代沿袭，遂成水边饮宴、郊外游春的节日。主要风俗是踏青、祓禊（临河洗浴，以祈福消灾），反映了人们经过一个沉闷的冬天后急需精神调整的心理需要。但在唐代，人们在清明扫墓的同时，也伴之以踏青游乐。清明上坟都要到郊外去，在哀悼祖先之余，顺便在明媚的春光里骋足青青原野，也算是节哀自重转换心情的一种调剂方式吧。最终，融汇了寒食节与上巳节两个古老节日精华的清明节，终于在宋元时期形成一个以祭祖扫墓为中心，将寒食风俗与上巳踏青等活动相融合的传统节日。大诗人王维《寒食城东即事》诗云："少年分日作遨游，不用清明兼上巳"，是寒食、清明与上巳三者逐渐融合为一体的有力佐证。在唐朝前期，虽然这一段时间的习俗多被称为"寒食"，但在实质上其主体部分已经是今天所说的清明节。到宋代以至明清，清明节取代寒食节几成定局。明洪武二十六年（1393），国内各府州、县皆立厉坛，礼部曾颁发有定礼及钦定祭文。按各地志书中载叙，厉坛一般建在城北附近，每年清明日，七月望日，十月朔日晡时（申时）致祭。清明日祭祀前三日内，先由地方有司移牒城隍。到祭祀日，将城隍神奉请于厉坛内，让其南向，无祀鬼神名位俸陪于左右两侧。按张震《邑厉坛记》文载：厉，谓古帝王无后者，好祸民，故祀以安之。文中还讲：鬼有所归便不为厉。虑其无归而病民，故祀之。此以防民患，仁之至也。清明节发展到明清时代已经步入最盛行的时期，其后绵延不绝。

清明节习俗风尚

扫墓祭祖。中国历史上,寒食禁火,祭奠先人,早已蔚为习俗。唐朝之后,寒食节逐渐式微,而清明节出郊上坟络绎不绝。唐朝大诗人白居易诗云:"乌啼鹊噪昏乔木,清明寒食谁家哭?风吹旷野纸钱飞,古墓累累春草绿。棠梨花映白杨树,尽是生死离别处。冥漠重泉哭不闻,萧萧暮雨人归去。"宋朝诗人高菊卿也在一首诗中描写道:"南北山头多墓田,清明祭扫各纷然。纸灰飞作白蝴蝶,泪血染成红杜鹃。日落狐狸眠冢上,一滴何曾到九泉!"就是到当今社会,人们在清明节前后仍有上坟扫墓祭祖的习俗,在坟地之前,铲除杂草,放上供品,上香祷祝，有的还燃纸钱金锭。现在更多的人还会献上一束鲜花，以寄托对先人的怀念。

踏青插柳。踏青本是清明扫墓的伴生活动。人们在扫墓之余，一家大小因利趁便，就在山野乡间游乐一番，回家时顺手折几枝叶芽初绽的柳枝戴在头上，怡乐融融。也有的人是专门在清明前后到大自然去欣赏和领略生机勃勃的春日景象，郊外远足，春郊驰马，一抒在严冬被拘限在室内的郁结心胸。这种踏青也叫春游，古代叫探春、寻春。清明节还有插柳植树的风习，据说是纪念"教民稼穑"的神农氏；另一说是介子推死时所抱的柳树后来复活，晋文公赐名为清明柳，并折柳成圈戴在头上，此俗后传入民间，纪念春的复活。

清明游乐。清明节除了上述扫墓祭祖、踏青插柳的习俗之外，还有大量纯属游乐的风习，千百年来，倍受世世代代人们的喜爱。如古代特有、今不复见的射柳、蹴鞠等，从古代一直延续至今的牵钩、放风筝、荡秋千等。

射柳。是一种练习射箭技巧的游戏，据明朝人的记载，就是将飞鸽放在葫芦里，然后将葫芦高挂在柳树上，弯弓射中葫芦，鸽飞出，以飞鸽飞的高下来判定胜负；至于蹴鞠就是当今足球的前身。

牵钩。是一种古称，就是现代的拔河运动。据说春秋时，楚国为了进攻吴国，采取牵钩来增强人民体质。它的设备主要是一根麻绳，两头还分为许多小绳，比赛时，以一面大旗为界，一声令下，鼓乐齐鸣，双方助威呐喊，非常热闹。放风筝是清明节时人们最喜爱的活动之一，如今不仅是有益身心健康的娱乐活动，而且已经成为大气研究、天气预测、传递信息的良好工具。至于荡秋千，秋千最早叫"千秋"，为北方民族所创制，早先是用一根绳子，以手抓绳而荡，大约是古代先民攀树越岩、谋取食物的手段。由于荡秋千能够增进人们身心健康和脑的平衡功能，还能培养人的勇敢精神，所以沿袭至今不废。今日公园和游乐场所都仍然设有秋千，以供儿童玩耍。

吃青团。青团主要是流行于江浙一带的清明节节日食品，是一种用草头汁做成的绿色糕团。其做法是先将嫩艾、小棘姆草等放入大锅，加石灰蒸烂，漂去石灰水，揉入糯米粉中，做成团子，呈碧绿色，故称青团。青团通常在清明节蒸食，流传至今。古代清明节的传统食品大致有这样几种：糖稀（古名饧），麦粥，糯米酪，麦酪，杏仁酪，鸡蛋以及搅拌了盐醋的生菜。

清明节文化内涵再认识

弘扬民族文化　　倡导文明新风

　　清明节具有多重文化内涵。首先，它是一个与传统农时节律"二十四节气"相吻合的节日；其次，在近世社会生活中，清明节融合了历史上的寒食节、上巳节等节日内容，又是一个与农事节令紧密结合的节日；第三，清明节的特殊内涵在于，它既是一个追忆和祭奠先人的肃穆日子，也是人们踏青游玩、享受春天无穷乐趣的节日，其规模之宏大，差不多仅次于春节。逝者与生者，哀伤与欢乐，一对人世间的悖论，在清明节得到了充分的协调和安排。

概括清明节所蕴涵的文化意义，莫过于"追思先人，勿忘生者"这八个字。切莫小看了这简单的八个字，其实，所有的清明民俗活动的具体内容，都浓缩其间。各种祭奠扫墓、追思先贤、敬重祖先都属于前者；而伴随清明节日的所有大众性娱乐活动，包括斗鸡、拔河、放风筝和蹴鞠等，则属于后者。两者的结合所形成的林林总总的节俗形式，大抵反映了我们民族的传统。这些节俗形式，其缘起并不是来自官方的律令条文，而是芸芸众生自发形成的习俗事项。这种习俗远比礼法所规范的传统要坚韧得多，也强大得多。

"追思先人，勿忘生者"，反映了中国人豁达的生死观。孔子的"子不曰怪力乱神"，庄子的"齐生死"，把生与死等量齐观，把生命看成是一种呈"抛物线"型的自然过程，对生存和死亡都抱有一种顺应自然的态度。这种态度在佛教还没有传入中国以前，就已经存在。即使面对死亡，也认为是走向另一个世界，许多坚定的唯物主义者要"去马克思那里报到"，也是对待死亡的一种淡然态度。从这个意义上可以说，我们中华民族是一个生命韧性特别顽强的民族。由此而派生出对于生命的两种状态，一是对生命抱有一种顺应自然的态度——"知足常乐"的生存观；二是"砍头不过风吹帽""廿年后又是一条好汉"——"视死如归"的死亡观。

从这种豁达的生死观出发，在我们民族的传统观念中形成了浓烈的"生死排场"：一个人可以为他的生日耗费数十万钱财来庆祝，竭尽豪华之气派；与此同时，崇尚"厚敛重葬""入土为安"的中国，对逝去先人的安排又是特别重视的。一个老人平日里可能孤独凄凉，死后却可能备受哀荣，生前不能享受很好的物质生活和人们的尊敬，但是在死亡的时候，却是轰轰烈烈，大讲排场。丧葬习俗的背后永远都蕴涵着人们的价值判断。

抒发道德情怀　凝聚民族精神

清明节就是这种习俗和价值判断的一种载体和平台。由于自古以来"入土为安"习俗的顽强传承，土葬就会有坟墓，坟堆历经一年四季的风霜雨雪，难免会堆土蒙尘，难免会草木凋零。就像故去的亲人，越走越远。因此，在来年春暖花开、万物萌发、清新明洁之时，就有"扫墓"之举。扫墓其实也是一种象征，它象征着中国人重视亲情、慎终追远、孝敬老人、敬重祖先。所以，千万不能将清明节看窄了，好像清明节就是扫墓、烧纸钱，其实这个节日的意义在于对已逝的亲人、祖先、先贤、英烈送上自己的思念和敬意。这种神圣的生命交流仪式，年年轮回，代代传承，构成了人们顽强生存和追求幸福的重要动力。清明节不可忽视的价值在于，通过节日、聚会，传承风俗习惯，凝聚民族精神。扫墓、祭奠昭示着血脉的继承，使祖先与后代之间有了联系。清明节传承了中华文明"礼仪"中的祭祀文化，抒发了人们尊祖敬宗、继志述事的道德情怀。这确实是中华民族的一种优良传统，上海率先在全国提出的"祭先烈、敬先贤、忆先人"，是其中最具时代特点的情绪，应该发扬光大。

"祭先烈"。就是我们生者对为国家建功立业的民族英雄、革命志士的怀念与景仰，他们没有完成的事业，我们这些仍旧活着的人，要继续踏着他们的足迹，努力去完成。要缅怀、学习那些用生命和鲜血换来今日和平的先烈们，通过"祭先烈"落实爱国主义教育；近年来的清明节，国内数以千计的媒体、中文网站共同发起"网上祭英烈，共铸中华魂"的网上公祭活动，活动主题为"知荣、明耻、奋进"，就表达着广大网友和社会公众对为国捐躯的民族英烈的深情缅怀和无限思念。清明节还代表着追思前贤、回忆功勋。新中国建立以来，政府组织、民众自发在清明节祭奠革命先烈的活动，几为定制。

"敬先贤"。先贤，指已故的有才德的人，有大功于社会的人，称谓前面加"先"，表示已故，用于敬称地位高的人或年长的人，他们虽然不是政治人物，但他们是曾经以自己的贤能、品德为社会作出杰出贡献的科学家、文化名人等。如翻译《几何原本》、引进西方先进科学技术的徐光启，复旦大学的创始人、教育家马相伯等。"先贤"这个概念在当今比较容易引发争议。在我看来，先贤，首先是知识分子中的杰出代表，他们一般是由科、教、文、卫、工、商及前朝官员、地方绅士中具有社会声望的人士构成。这个群体的产生，与相对发达的民间社会相关。他们一般都有独立的经济基础，广泛的社会关系和为舆论认可的社会声望。他们通常不直接介入政治活动，只是一个中间性质的力量，在文化、道德和社会舆论方面起作用。"先贤"，是社会的良心和脊梁，怀念先贤，有助于和谐社会的构建和荣辱观教育的深入。

"忆先人"。缅怀先人，祭祀祖先，是因为他们是自己的来源，一代又一代先人的艰难打拼，他们的辛勤开拓与奋斗，才成就了我们今天继续前行的起点。缅怀与祭祀先人，既是对生命的尊重，更是对浩瀚历史的敬畏。"祭之以礼"的寻根追远的祭祖谒祖活动，是因为天下之人皆有本源，每个公民各有祖先。个体之祖先赖于血缘所系，民族之祖先显于象征血缘。公祭"人文初祖"或回家"扫墓上坟"谒祖，这种祭祀礼仪正好满足了海内外华夏赤子的心愿。

在中国民俗文化的历史传承中，清明节还代表着最基本的社会公平与正义力量的展现。即便在古代社会，历朝历代的官府都会在这一天组织洒扫孤死、无主的坟墓，作为对社会弱势群体的抚慰，为现代社会价值取向注入一种普适性与人文关怀。

"勿忘生者"的节日内涵，在历史上也曾经展现得淋漓尽致。杜甫《清明》诗云："著处繁花务是日，长沙千人万人出。"形容的正是清明时节的人潮汹涌。所有的传统节日，至唐代都发生变化，清明节也是这样，它的世俗性的成分在提高。宋明之后，寒食节逐渐式微，清明节越来越兴盛，不仅展现出"追思先人"的高潮，在"勿忘生者"方面也出现更多的节俗形式，发展出多姿多彩的民众娱乐活动。

传统的清明节主要依凭着民间乡土社会世代相传。而当代传媒技术日新月异，现代媒介开始大规模地侵蚀传统节日文化，首先是改变着传统节日背景下的人与人的关系。在现代传播媒介日益兴盛的环境下，在市场消费占主导地位的环境下，最要紧的是加强对传统清明节赖以生存的文化生态环境的重视与保护。从自然生态与人的关系、人与文化的关系方面，去关注那些与自然、与人类和谐相处的文化生态，保护与清明节相关的游艺、祭祀、饮食等习俗相互依存着的民间艺术。

肆 端阳风物

端午

宋代大文豪欧阳修曾经这样讴歌端午节："五月榴花妖艳烘。绿杨带雨垂垂重。五色新丝缠角粽。金盘送。生绡画扇盘双凤。正是浴兰时节动。菖蒲酒美清尊共。叶里黄鹂时一弄。犹瞢忪。等闲惊破纱窗梦。"（《渔家傲》）该词作生动地描绘了宋代人们过端午节的情景，诗歌里的端午，充满诗情画意，让人流连，令人沉醉。

细细考究，端午节，端者，正也，开始的意思。农历五月初五，本为五月的第一个五日。五月五日，月、日都是五，故又称重五。如将一年比一天，岁中五月恰如一日之正午，或许就是后来"五"渐渐通为"午"的原因，故端五又即端午；又因午时为"阳辰"，所以端五也叫"端阳"。端午节还有许多别称，如：夏节、浴兰节、女儿节、天中节、地腊、诗人节等等，间接说明了端午节节俗内容的丰富，意蕴之深广。在我国，除汉族外，还有满、蒙、藏、苗、彝、畲、锡伯、朝鲜等约28个民族都庆祝这个节日。并且，端午节很早就跨出国门，传入了日本、朝鲜、越南等周边国家，这些国家至今也在欢度端午佳节。

端午起源的传说与故事

千百年来,关于端午节的起源有各种传说与故事,其中也不乏专家学者的认真考辨与真知灼见。综合这些传说与故事,有如下数端:

祭祀屈原的传说。新中国建立后,此说也许是流传最为广泛的一种端午节起源说。其依据是南朝梁人宗懔《荆楚岁时记》的记载:"屈原以是日死于汨罗,人伤其死,所以并将舟楫以拯之。"梁人吴均《续齐谐记》亦云:"屈原以五月五日投汨罗水,而楚人哀之。至此日,以竹筒子贮米,投水以祭之。"一般认为屈原是爱国诗人,为了反对昏庸君主的政策,不惜投江明志。屈原死后，楚国百姓哀痛异常，纷纷涌到汨罗江边去凭吊屈原。渔夫们划起船只，在江上来回打捞他的真身。有位渔夫拿出为屈原准备的饭团、鸡蛋等食物，"扑通、扑通"地丢进江里，说是让鱼龙虾蟹吃饱了，就不会去咬屈大夫的身体了。人们见后纷纷仿效。一位老医师则拿来一坛雄黄酒倒进江里，说是要药晕蛟龙水兽，以免伤害屈大夫。后来为怕饭团为蛟龙所食，人们想出用楝树叶包饭，外缠彩丝，发展成粽子。

祭祀伍子胥的传说。相传春秋时吴国忠臣伍子胥含冤而死之后，化为涛神，世人哀而祭之，故有端午节。这则传说在江浙一带广为流传。伍子胥的死，也预示着吴国灭亡不远了。伍子胥死后三年，吴国被越所灭，夫差悔之晚矣。死前唯一的请求，是以三寸布帛盖住双目，以示自己死后无面目去见伍子胥。吴国百姓更加怀念国之柱石伍子胥。千百年来江浙一带相传，伍子胥死后化为涛神，端午节即为纪念伍子胥之日。

凭吊孝女曹娥的传说。根据是晋人虞预《四明丛书·会稽典录》记载：东汉汉安二年（143）五月初五，曹娥的父亲于县江迎涛神伍子胥时失足坠江溺死。娥年方十四，寻找父尸，十七日不得，哀而投江死。在五月五投江，5日后抱出父尸。就此传为神话，继而相传至县府知事，令度尚为之立碑，让他的弟子邯郸淳作诔辞颂扬。孝女曹娥之墓，在今浙江绍兴，后传曹娥碑为晋王义所书。后人为纪念曹娥的孝节，在曹娥投江之处兴建曹娥庙，她所居住的村镇改名为曹娥镇，曹娥殉父之处定名为曹娥江。因此相传端午节亦为纪念孝女曹娥之日。

"恶月恶日"说。先秦时代普遍认为五月五日为恶月、恶日，且有"不举五月子"之俗，即五月五日所生的婴儿无论是男是女都不能抚养成人。相传这天邪佞当道，五毒并出。这一习俗至迟从战国开始流行，迄至汉代盛行不衰。此俗在汉人王充的《论衡》、应劭《风俗通》以及《后汉书》中，多有记载。所以民间以除瘟、驱邪、求吉祥，因而出现了相关的文化活动。据《礼记》载，端午源于周代的蓄兰沐浴。《吕氏春秋》中《仲夏记》一章规定人们在五月要禁欲、斋戒。《夏小正》中记："此日蓄药，以蠲除毒气。"《大戴礼》中有："五月五日蓄兰为沐浴。"以浴驱邪。因此，端午是消毒避疫的日子，"喝雄黄酒、祭五瘟使者"，形成了颇有特色的端午节。

龙崇拜说。此说主要来自闻一多的《端午考》和《端午的历史教育》。他认为，五月初五是古代吴越地区"龙"的部落举行图腾祭祀的日子。其主要理由是：首先，端午节两个最主要的活动吃粽子和竞渡，都与龙相关。近代大量出土文物和考古研究证实：长江中下游广大地区，在新石器时代，有一种几何印纹陶为特征的文化遗存。专家推断是一个崇拜龙的图腾的部族——史称百越族。出土陶器上的纹饰和历史传说示明，他们有断发文身的习俗，生活于水乡，自比是龙的子孙。端午节就是他们创立用于祭祖的节日。

夏至说。有学者认为端午节源自夏、商、周时期的夏至，且提出端午节中"斗百草""采杂药"等与屈原无关，认为《荆楚岁时记》并未提到五月初五日要吃粽子的节日风俗，却把吃粽子写在夏至节中。至于竞渡，隋代杜台卿所作的《玉烛宝典》把它划入夏至日的娱乐活动，可见不一定就是为了打捞投江的伟大诗人屈原。《岁华纪丽》对端午节的第一个解释是："日叶正阳，时当中夏"，即端午节正是夏季之中，故端午节又可称为天中节。由此端午节的最早起源当系夏至。

石榴悬门避黄巢故事。唐朝僖宗年间，黄巢领兵造反，杀人放火，百姓闻之逃难。五月间，黄巢的军队攻进河南，兵临邓州城下，正欲杀一携子疾走妇人，妇人说：黄巢杀了叔叔全家，只剩下这个惟一的命脉，万一无法兼顾的时候，只好牺牲自己的孩子，保全叔叔的骨肉。结果天良未泯的寇盗就放过这个妇人，告诉妇人只要门上悬挂石榴花，就可以避黄巢之祸。妇人听了，将信将疑，不过她还是回到城里，把这个消息传了出去。第二天正是五月端阳，黄巢的军队攻进城里，只见家家户户门上都挂着石榴花。为了遵守承诺黄巢只得领兵离去，全城得以幸免。此后端午，门上悬挂石榴花的习俗也流传下来。

源于勾践操练水军故事。宋代高承《事物纪源》刊文，端午源于春秋时期越王勾践于是日操练水军。据汉

《越绝书》记载，农历五月五日端午节是越国消灭吴国的纪念日。当年越王勾践就曾借嬉水竞舟为名，来操演水师，暗练水军，最后打败吴国。故纪念之日，自然少不了龙舟竞渡来予以庆贺。

纪念秋瑾说。此为近世乃至民国以来的说法。秋瑾幼年擅长诗、词、歌、赋，并且喜欢骑马和击剑，有花木兰、秦良玉在世的称号。28岁时参加革命，影响极大，在策划起义时为清兵所捕，至死不屈，于光绪三十三年（1907年）英勇就义。后人敬仰她的诗，哀悼她的忠勇事迹，与诗人节合并来纪念她。而诗人节又因纪念屈原而定为端午节。

其他还有"纪念介子推说""蓄兰沐浴说"等等传说与故事。观照这些传说与故事，可以看到端午节起源于上古的"夏至节"，殷商之岁首日。端午食粽的风俗，来源于上古于新年日以新麦、新黍祭祀祖神；龙舟竞渡与龙图腾崇拜祭祀有关。后来随历史之变迁，屈原、伍子胥、曹娥等事迹因都死于"五月五日"而有所增附，逐渐丰富了这个古老的华夏传统节日。

端午节习俗风尚

端午节还展现了许多丰富多彩、精彩纷呈的民俗活动：

驱五毒。古代驱五毒是在二十四节气的谷雨那天，端午驱五毒用意是提醒人们要防害防病。古代人们将蛇、蝎子、壁虎、蜈蚣和蜘蛛称为"五毒"。民谣说："端午节，天气热，'五毒'醒，不安宁。"到端午节，人们用彩色纸把五毒剪成图象（即剪纸），或贴在门、窗、墙、炕上，或系在儿童的手臂上，以避诸毒。

挂钟馗象。此习俗在中国的江浙一带比较普遍。钟馗是唐代一位儒生，因其貌丑陋被皇帝除名，钟馗一怒之下触阶而死。后钟馗被附会成专门捉鬼的鬼王，并且成为人们在岁末时张挂的门神。由于五月瘟疫易于流行，死者众多，人们想起专门捉鬼的钟馗，于是就在端午节悬挂钟馗像了。

龙舟竞渡。古代较为普遍的说法是因为屈原投江而民众竞相划船，为了拯救伟大的爱国者屈原。其实中国古代划龙舟并不限于端午，关于龙舟竞渡的起源也并不限于拯救屈原或为屈原招魂一说。古代参加竞渡的龙舟很有讲究，船身窄而长，有龙头、龙尾，还有鳞甲，船上结七彩，张旗伞。竞渡时锣鼓喧闹、鞭炮齐鸣、万人喝彩，场面极为壮观。龙舟竞渡其实也是驱瘟避邪的一种行为，其原始宗教的意味浓于悼念忠忱的爱国者。

悬菖蒲挂艾草。相传五月初五是恶月恶日，世俗要悬"天中五瑞"以辟邪驱瘟，逢凶化吉。这"天中五瑞"指的是：菖蒲、艾草、石榴花、蒜头和龙船花。古人认为疾病是恶魔鬼神附于人体所致，挂这"天中五瑞"可以与这些导致疾病的恶魔鬼神相抗衡。通常菖蒲被认为是"天中五瑞"之首，象征驱除不祥的宝剑，插在门口可以避邪,故有"蒲剑斩千邪"之说;而艾草代表百福,是菊科多年生草本植物,一种可以治疗疾病的药草,插在门口,可以使身体健康。现在看来,悬菖蒲和艾草,确实具有一定的科学道理。端午节前后,时值初夏,多雨潮湿,细菌繁殖快,人容易染病,悬菖蒲艾草可以借助它们挥发的气味清洁空气、消除病毒。

佩香囊和兰草汤沐浴。人们在端午节精心制作玲珑剔透的衣香粉荷包和香袋,内装芳香馥郁的药物如白芷、丁香等。端午清晨,老奶奶会掀起花被,把煮熟的热鸡蛋放在小孙子的肚皮上滚来滚去,然后剥去蛋壳给小孩子吃,据说这样做日后小孩子不会肚子痛。心灵手巧的母亲还会用五色花布做成小辣椒、小黄瓜、胖娃娃、小纱灯、小粽子等各式各样的小玩物,挂在孩子的身上,据说也是为了驱除瘟疫。在有的地方要用兰草汤沐浴,故端午节又有"沐兰节"之称。

斗百草与簪榴花。旧时端午节盛行的一种游戏。是日,人们纷纷去郊外踏青,采集各种花草比赛草的多寡、韧性及稀缺性,或对花草名。《荆楚岁时记》载:"五月五日,四民并踏百草,又有斗草之戏。"妇女要戴榴花于鬓发以作饰物。《帝京景物略》云:"五月五日,家家妍饰小闺女,簪以榴花。"清代《大兴县志》载:"是日(五月初五)少女需配灵符,簪榴花。"

端阳食饮之俗。最早出现的端午时食,应属西汉的"枭羹"。《史记》"武帝本纪"注引如淳言:"汉使东郡送枭,五月五日为枭羹以赐百官。以恶鸟,故食之"。大约因为枭不易捕捉,所以吃枭羹的习俗并没有持续下来。

粽子。粽子是端午食俗中的主角了。据载,春秋时期用菰叶(茭白叶)或楝叶包黍米成牛角状,称"角黍";用竹筒装米密封烤熟,称"筒粽"。晋代,粽子正式被定为端午节食品。南北朝时出现杂粽,即米中掺肉、栗、枣、豆等,此时粽子还用作礼品。唐代的粽子用米,讲究"白莹如玉",其形状出现锥形、菱形。日本文献就记载有"大唐粽子"。宋时有"果品粽",苏东坡有"时于粽里见杨梅"的诗句。这时还出现用粽子堆成的楼台亭阁、木车牛马,宋代粽子成为一种时尚。元、明时期,粽子的包裹料从菰叶变为箬叶,后来又用了苇叶,附加料也更加丰富多彩。吃粽子的风俗，千百年来，在中国盛行不衰，而且流传到朝鲜、日本及东南亚诸国。端午应景食品还有咸蛋、五毒饼和时令鲜果，不过，远不如粽子的知名度遍及大江南北。五毒饼是印有"五毒"图案的饼，民间认为，吃了五毒饼，可驱五毒。

祭祀与娱乐之俗。端午龙舟竞渡之俗，传说起源于越王勾践于五月五日检阅水军。《荆楚岁时记》则说其俗也是来自祭祀屈原。有人综合，认为龙舟竞渡"因勾践以为成风，拯屈原而为俗也"。此外，端午娱俗一度还有秋千、马球（击鞠）、斗百草等。"击鞠"又称"击毬"或"打毬"，即骑在马上持棍打球的运动，这项活动在唐宋时期非常盛行。祭祀，源于祭龙之俗，屈子事后亦有内容的增加。龙舟、投粽，都有祭祀之意。除此之外，端午节民间还有祭祀瘟神、迎鬼船等活动。江南有些地方因为水浅，不能进行龙舟竞渡，所以在五月初五这天，用纸扎成旱船，带着去登高、游街，称为"迎鬼船"。

端午节文化内涵再认识

尊重自然、爱护生命的节日。千百年来,端午也称"端阳""重五""中元节""沐兰节"等。农历的五月时分,天气燥热,蛇虫繁殖,人易生病,瘟疫也易流行。后来人们逐渐发现,在五月五日前后以雄黄酒洒墙壁门窗、饮蒲酒,有助于禳解灾异、祛除五毒。久而久之,就形成了一个民俗惯例。根据文献上的记载,以及历代相传流传下来的许多端午习俗,农历五月被视为"毒月"或"恶月",五月初五更被视为"九毒之首"。据《史记》记载,孟尝君田文生于五月初五,其父曾令其母遗弃田文,理由是这一日生的孩子要害父。东汉《风俗通义》

也有"五月五日生子，男害父，女害母"的说法。东晋大将王镇恶五月初五生，其祖父便给他取名为"镇恶"。宋徽宗赵佶五月初五生，从小寄养在宫外。可见，古代以五月初五为恶日，是普遍现象。在科学不发达、生产力极其低下的社会里，人们只能将其认为是"恶月""毒月"，于是，古人需用兰草汤沐浴，以驱邪避恶。所以端午节这一天便流传了许多驱邪、消毒和避疫的特殊习俗，是一个全民防疫祛病、避瘟驱毒、祈求健康长寿的大节日。由此，在端午节这一天，天南地北的中国人不仅要吃粽子、赛龙舟，还会挂菖蒲艾叶、喝雄黄酒；既赞扬忠贞正直、歌颂生命，又倡导防灾救病、压邪驱毒。可以说，有着2500多年历史的端午节不仅是一个纪念的节日，也是一个尊重自然、爱护生命的节日。不用说远，就是近百年来的中国社会，每到端午节来临之际，人们依然挂菖蒲、艾叶，薰苍术、白芷，喝雄黄酒，主要是为了压邪、禳灾、止恶、祈福，全民防疫健身的文化内涵仍然保存。

人际关爱、维护生命的节日。从端午节起源的诸种说法来考察，这些说法都有一定的合理性，当然也存在一定的地域性和局限性。不论采信哪一种说法，都不是最重要的。追本溯源，端午节的本质意义实在是拯救一个伟大生命的努力。端午竞舟也好，龙舟竞渡也罢，它所宣示的意义在于：这是一场打捞生命、拯救生命的战斗。民俗流淌于民族的血脉之中。拯救诗人屈原的生命，或是拯救伍子胥的生命，拯救曹娥的生命，这些传说千百年来还是年复一年地存在于民间，还是继续存在于中国人的精神生活和文化生活之中。人们当然知道古人早已作古，鲜活的生命早已不在，但作为具有民族想象力和饱含丰富情感色彩和文化内涵的节日仪式，龙舟竞渡与民间裹粽食粽的活动却延续到今天，而且用这个节日的仪式和形式，向后人昭示：中华民族是不可战胜的伟大民族，在中国大地上曾经发生过万众一心拯救生命的努力，生命救助是全民关注的头等大事。因此，端午节又是一个人际关爱、维护生命尊严的节日。端午节文化中所蕴含的纪念屈原、伍子胥的传说与故事，特别是由此而来的投食竞渡等活动，表现了当灾难来临时生命救助的仪式化沿袭。这样万众一心、争分夺秒的生命救助精神，在2008年那场动人心魄的四川汶川大地震中，我们又一次看到它的精神光华。

健康祈福、讴歌生命的节日。在上古社会，生产力极为低下，对于未来的不测之祸，或者突如其来的灾难，不具备积极的预防能力，而只是祈求上苍的佑护，这是很自然的。所采取的手段之一，即是驱瘟辟邪。这对于有的节日的最终形成，起到了推波助澜的作用。例如，每到一年的气候冷热转换之际，空气潮湿，瘟瘴将发，毒气横生，对人的生存极为不利。古代社会，民间俗信五月是"毒月"，此月多灾多难。尽管当时的民众不懂得科学，而古时的医药治疗又大抵与宗教巫术紧密联系在一起，民间只能采取自己的方式来抵御各种瘟疫和邪毒的侵袭。

端午节的文化在生活卫生方面也体现了出来：那天，家家户户都会采些艾草、菖蒲悬于门上，据说是为屈原招魂。但为什么千百年来，这种习俗始终不变，难道只是为了招魂、避邪？从科学角度看，这些植物都具有提神、通窍、杀菌的功效。端午节还有一个别名叫"沐兰节"。《大戴礼记》的"五月五日，蓄兰为沐"，被认为是当时预防病疫的一种做法。《楚辞》中"浴兰汤兮沐芳华"句，亦表达了同样的意思。洗浴使人健康，何况是洗花卉、草药之浴，这早就是国人的一个共识。端午其他的节俗，如焚艾蒿、菖蒲薰屋、佩香袋、喝雄黄酒等，也都是为了避邪禳灾、驱浊扬清、保卫生命。

在医药卫生相对不那么发达的社会，人们采取驱瘟辟邪的各种措施，不失为保护自身、关爱老幼的一种有效手段，也是形成端午节和重阳节的深厚基础。尽管它们都有诸多美丽的传说，但悬挂着的艾草、菖蒲都是古代的药草，雄黄酒也具有消除疫病的功效。菖蒲又象征驱除不祥的宝剑，名为宝剑，驱除阴气。重阳节的登高、赏菊、插茱萸，登高有利健身，菊花食用也可却病疗伤，茱萸则可辟恶气、御初寒。这种驱瘟辟邪的主张与中国传统的医学观念相吻合，反过来更进一步强化了节日的形成与普及。此外，端午还被认为是"女儿节"。"女儿节，女儿归，耍青去，送青回。毯场纷纷零杨柳，去看击鞠牵踞走。红杏单衫花满头，彩扇香囊不离手。"这里面展示的则是生命的活泼。

生命是活泼的、珍贵的，也是脆弱的，又是顽强的。端午节表现了对生命的爱护，唱响了对生命的礼赞。在端午这个千百年流传下来的民族共同节日到来之际，我们更有必要把张扬和爱护生命意义的节日精神继承下去，让它重新回归到我们的现实社会生活中来。这恰恰是对先人和生命的最好纪念。

民俗流变中的文化选择，是以中国的大一统和国家意识的确立为前提的。中国人选择屈原或者伍子胥作为一个爱国英雄和文化英雄，最主要的是基于对我们中华民族的深厚情感。年年岁岁对伟大的爱国者的仰慕和追思，有助于我们国家的统一和强大，有助于中华民族"56个民族是一家"的民族意识的建立和弘扬。今天我们吸取传统端午节的文化内涵，感受传统文化的魅力，可以动员广大干部群众以更加饱满的热情投身建设和谐社会的伟大事业。

这样看来，端午节的文化内涵可以提炼为：

健康生活——压邪、禳灾、止恶、祈福。

爱国情怀——立志、报国、关爱、和谐。

多年来媒体、教科书等介绍端午节的来历时，总是只强调它是一个纪念爱国诗人屈原的节日，结果，在相当长的年月里，使几代人不了解端午节原汁原味的文化内涵。同许多传统佳节一样，端午正逐渐失去其美好的传统文化记忆，如今鲜有人了解，唤起民族对于生命意识的认知，显得尤为重要。全民防疫健身、爱护和尊重生命的内涵也是这个节日的一项重要内容。

伍 银汉迢迢

七夕

"烟霄微月澹长空，银汉秋期万古同。几许欢情与离恨，年年并在此宵中。"(《七夕》)唐代大诗人白居易望着日月星辰编织着天上人间的旖旎风情，"倬彼云汉，昭回于天"。七夕，是中国民间传统的"乞巧节"，也是"女儿节"。由于是日是农历的七月初七日的晚间，故称"七夕"。它起源于古老的神话传说——牛郎和织女的故事。相传人间的牛郎与天上的仙女喜结良缘后，男耕女织，互敬互爱，生儿育女，然而，当天帝闻知织女下嫁人间，勃然大怒。七月初七日，"王母娘娘"奉旨带着天兵天将，捉住了织女，悲痛欲绝的牛郎在老牛的帮助下，

五 银汉迢迢 七夕

用箩筐挑着一双儿女追上天去。眼看就要追上了，王母娘娘拔下金簪一划，牛郎脚下立刻出现了一条波涛汹涌的天河。肝肠寸断的织女和牛郎，一个在河西一个在河东，遥望对泣。哭声感动了喜鹊，霎时无数的喜鹊飞向天河，搭起一座鹊桥，牛郎织女终于可以在鹊桥上相会了。王母娘娘无奈，只好允许牛郎织女每年的七月初七相会一次。民间被这神话传说所感，遂演绎成隆重的民间节日。从古代典籍的记载看，民间认为织女聪明美丽、多才多艺，在七月七日晚间，向织女乞求智巧，可以除去笨拙，变得眼明手巧。又因为乞巧活动大多为闺阁妇女，因此又叫"女儿节"。是日妇女多在庭院聚会，穿新衣、拜双星、摆香案、供果品，穿针引线、搭接彩缕，进行各项乞巧活动。

七夕起源的传说

谁说中国人缺乏浪漫的神话思维呢？我们这个民族的先人似乎很喜欢仰望星空，而喜欢仰望星空的民族一定是一个思维深邃、浪漫奔逸、极具想象力的民族。夏历七月旧时称为"兰月"，故七夕那天晚上又称为"兰夜"。夏季的星空澄清如水，最适合遐思奇想，上下四方古往今来，可以无边无际。七夕节源自于牛郎与织女的传说，最先起源于上古夏人的原始宗教崇拜，在历史进程中，它又融合了天文历法、诗词歌赋，口耳相传，最后才逐步转为我们熟知的民俗文化现象，沉淀为一个约定俗成的传统节日。

"牵牛织女传说"的最初出现,涉及到上古天文历法及星祀宗教。牵牛星与织女星在具有人格意态前首先是作为二星出现,按照上古神话系统发展规律,先从"星到神",而后再从"神到人"。牵牛星又名"河鼓",二十八宿之一,玄武七宿的第二宿,有星六颗;与银河另一端的织女星遥遥相望。牵牛星被我们农耕的华夏民族祖先视为谷物神,织女则传说是天帝之女桑神,谷物神和桑蚕神都是我们这个农耕民族的先民极为看重的神祇。

西周时代,华夏先民逐渐结束了迷蒙的神祇时代,宗教色彩褪去后的牵牛织女开始变换出人格色彩,同时也逐渐渗入人文浓郁的文学系统。早先的织女、牵牛还没什么故事情节,只是有关日月星辰的简单人格化。最早记载"牛郎织女七夕相会"美丽传说的,是《诗经·小雅·大东》:"维有天汉,监亦有光。跂彼织女,终日七襄。虽则七襄,不成报章。睆彼牵牛,不以服箱。"诗经《大东》篇原是一首表现西周时代东方诸侯国臣民怨刺周王室的诗,大意是说:银河两岸的织女星、牵牛星,尽管有其名,却不会织布,不能拉车;当今的统治者也是如此，虽身居高位，却无恤民之行，不过徒有其名而已。这里，对织女、牵牛二星仅是作为自然星辰形象引出一种隐喻式的联想，并无任何故事情节。

"七夕"的节日在战国时期可能就已经有了，据《物原》记载："楚怀王初置七夕"。秦汉魏晋是神话志怪大发展的时期，"牵牛织女"的上古神祇在这时化成优美的传说，经过后来的不断丰富，成为中国四大传说之首。

西汉时，织女、牵牛开始有了人的形态，他们的石像遥遥矗立在彼时长安城的昆明池两畔。班固《西都赋》有句："临乎昆明之池，左牵牛而右织女，似云汉之无涯。"李善注引《汉宫阙疏》云："昆明池有二石人，牵牛织女像。"他们已从天上来到人间，但仍然远远地隔离在池的两边。这个神话传说的雏形成立于西汉武帝至东汉明帝之间，随着时间的推移，爱情因素同牵牛、织女传说的结合日见明显。《古诗十九首》首先透露了这一信息，其中的《迢迢牵牛星》吟道："迢迢牵牛星，皎皎河汉女。纤纤擢素手，札札弄机杼。终日不成章，泣涕零如雨。河汉清且浅，相去复几许？盈盈一水间，脉脉不得语。"大体说来就是恋人或朋友间的离愁别绪，士人的彷徨失意，以及人生的变幻无常。到了东汉时慢慢缓和了悲剧的色彩。鹊桥这个非常有创意的元素出现在东汉人应邵编撰的《风俗通义》，同时还提到了七夕的相会，这就使悲情的故事稍微有了一点安慰，其中有一段记载："织女七夕当渡河，使鹊为桥，相传七日鹊首无故髡，因为梁以渡织女故也。"也许是偶然遇见的一只秃头喜鹊所触发的灵感？

牛郎织女故事的爱情情节到了魏晋南北朝时期几乎发展完备，南朝梁人宗懔《荆楚岁时记》："天河之东有织女，天帝之女也。年年织杼劳役，织成云锦天衣。天帝怜其独处，许嫁河西牛郎，嫁后遂废织纴。天帝怒，责令归河东，唯每年七月七日夜渡河一会。"天帝似乎是一个严厉的家长，这大概是汉魏时期家族生活、伦理规范的反映。也就是在这一时期七夕开始出现节日的气息。《御览》卷三十一引东晋周处《风土记》："七月初七日，其夜洒扫于庭，露施几筵，设酒脯时果，散香粉于筵上，以祈河鼓织女，言此二星神当会。守夜者咸怀私愿，或云见天汉中有奕奕正白气,有光耀五色,以此为征应。见者便拜而愿祈富祈寿,无子祈子,惟得祈一,不可兼求……"在很长一段历史时期里,这一传说情节都没有得到太大的发展。

进一步说明问题的,是东汉人应邵编撰的《风俗通义》,《岁华纪丽》有一段记载:织女七夕当渡河,使鹊为桥,相传七日鹊首无故髡,因为梁以渡织女故也。这表明,在当时,不仅牵牛、织女为夫妻之说已被普遍认可,而且他们每年以喜鹊为桥,七夕相会的情节,也在民间广为流传,并融入风俗之中了。发展到这一步显然是要经过相当长并且是十分积极活跃的演进过程的。

稍后的三国时期,更有不少诗文反映了这一内容。如唐代李善为《文选》魏文帝《燕歌行》作注时引了曹植《九咏注》说:"牵牛为夫,织女为妇,织女、牵牛之星,各处一旁,七月七日得一会同矣。"可见牵牛织女已经成为诗人表现爱恋和思念之苦的一种突出和常用的意象。

牛郎织女传说的最初文本不过寥寥数十个字,最早见于南北朝时期任昉编写的《述异记》:"天河之东有织女,天帝之子也,年年织杼劳役,织成云锦天衣。天帝哀其独处,许配河西牵牛郎,嫁后遂废织纴。天帝怒责,令归河东,唯每年七月七日一夜,渡河一会。"直到文学史上话本志怪小说戏剧的兴盛繁荣,才使得牵牛织女的传说真正拉开了讲故事的架势,历史背景以及时间、地点、人物、事件都变得逐渐清晰起来。干宝《搜神记》卷一的《董永之妻》便是这个流传甚广的民间故事最早的简略文本,后来的《天仙配》也是根据这个母题的演绎而来:董永的孝心感动了上天,天帝派织女下凡与他结为夫妇,助他偿债;另一篇《毛衣女》则讲了一位下凡的羽衣仙女,与豫章新喻县一名男子结为夫妇的故事。后来的《天仙配》大概把二者加上古老的牵牛织女传说糅和起来,最后成形了今天大家耳熟能详的故事。

一个美丽的传说故事,经历几千年的传播和不断丰富的演绎,最终由于历史的原因和社会的原因,历经风雨洗礼,不断变化发展,形成了能够满足民众生理和心理需求的传统节日,调节了人与人、人与社会、人与自然万物间的种种关系，成为不可替代的宝贵精神财富。

七夕节的形成起源于汉代，伴随着传说故事。据说是"汉朝人生活实录"的《西京杂记》（汉代刘歆撰，东晋葛洪辑录），其中有"汉彩女常以七月七日穿七孔针于开襟楼，人俱习之"的记载，这便是我们于古代文献中所见到的最早的关于七夕乞巧的记载。后来的唐宋诗词中，妇女乞巧也被屡屡提及，唐朝王建有诗说"阑珊星斗缀珠光，七夕宫娥乞巧忙"。据《开元天宝遗事》载：唐太宗与妃子每逢七夕在清宫夜宴，宫女们各自乞巧。这一习俗在民间也代代延续，经久不衰。人们从七月初一就开始置办乞巧物品，乞巧市上车水马龙、人流如潮，到了临近七夕的时日，乞巧市上简直成了人的海洋，车马难行。观其风情，似乎不亚于最盛大的节日——春节，说明乞巧节是古人最为喜欢的节日之一。

由于七夕节日活动的主要参与者是少女，而节日活动的内容又是以乞巧为主，故而人们称这天为"乞巧节"或"少女节""女儿节"。七夕文化现象丰富繁杂且流传甚广，特别是优美浪漫的七夕传说。

七夕节习俗风尚

历经千年的七夕节主要的习俗风尚有：

穿针乞巧。这是最早的乞巧方式，始于汉，流于后世。其实就是一种比目力和手头技巧的游戏。《西京杂记》说："汉彩女常以七月七日穿七孔针于开襟楼，人俱习之。"南朝梁宗谋《荆楚岁时记》说："七月七日，是夕人家妇女结彩楼穿七孔外，或以金银愉石为针。"《舆地志》说："齐武帝起层城观，七月七日，宫人多登之穿针。世谓之穿针楼。"五代王仁裕《开元天宝遗事》说："七夕，宫中以锦结成楼殿，高百尺，上可以胜数十人，陈以瓜果酒炙，设坐具，以祀牛女二星，妃嫔各以九孔针五色线向月穿之,过者为得巧之侯。动清商之曲,宴乐达旦。士民之家皆效之。"元陶宗仪《元氏掖庭录》说:"九引台,七夕乞巧之所。至夕,宫女登台以五彩丝穿九尾针,先完者为得巧,迟完者谓之输巧,各出资以赠得巧者焉。"

喜蛛应巧。稍晚于穿针乞巧的习俗,大致起于南北朝之时。南朝梁宗懔《荆楚岁时记》说:"是夕,陈瓜果于庭中以乞巧。有喜子网于瓜上则以为符应。"五代王仁裕《开元天宝遗事》记述得更为详细:"七月七日,各捉蜘蛛于小盒中,至晓开;视蛛网稀密以为得巧之侯。密者言巧多,稀者言巧少。民间亦效之。"宋朝孟元老《东京梦华录》说,七月七夕"以小蜘蛛安合子内,次日看之,若网圆正谓之得巧"。宋周密《乾淳岁时记》说"以小蜘蛛贮合内,以候结网之疏密为得巧之多寡"。明田汝成《熙朝乐事》说,七夕"以小盒盛蜘蛛,次早观其结网疏密以为得巧多寡"。由此可见,历代验巧之法不同,南北朝视网之有无、唐视网之稀密、宋视网之圆正,后世多遵唐俗。

投针验巧。属于七夕穿针乞巧风俗的流变,源于穿针,又不同于穿针,是明清两代盛行的七夕节俗。明刘侗、于奕正的《帝京景物略》说:"七月七日之午丢巧针。妇女曝盎水日中,顷之,水膜生面,绣针投之则浮,看水底针影。有成云物花头鸟兽影者,有成鞋及剪刀水茄影者,谓乞得巧;其影粗如锤、细如丝、直如轴蜡,此拙征矣。"《直隶志书》也说,良乡县(今北京西南)"七月七日,妇女乞巧,投针于水,借日影以验工拙,至夜仍乞巧于织女"。清代于敏中《日下旧闻考》引《宛署杂记》说:"燕都女子七月七日以碗水暴日下,各自投小针浮之水面,徐视水底日影。或散如花,动如云,细如线,粗如锥,因以卜女之巧。"

种生求子。这种明清时盛行于七夕闺中的游戏习俗也很有趣:在七夕前几天,先在小木板上敷一层土,播下粟米的种子,让它生出绿油油的嫩苗,再摆一些小茅屋、花木在上面,做成田舍人家小村落的模样,称为"壳板"。或将绿豆、小豆、小麦等浸于磁碗中,等它长出数寸的芽,再以红、蓝丝绳扎成一束,称为"种生",

又叫"五生盆"或"生花盆"。南方各地也称为"泡巧"，将长出的豆芽称为巧芽，甚至以巧芽取代针，抛在水面乞巧。还用蜡塑各种形象，如牛郎、织女故事中的人物，或秃鹰、鸳鸯等动物之形，放在水上浮游，称之为"水上浮"。又有蜡制的婴儿玩偶，让妇女买回家浮于水上，以为宜子之祥，称为"化生"。

卜巧游戏。唐宋诸朝以来，无论在宫廷还是民间都流行着许多"卜巧游戏"。明朝以来，民间流行"丢巧针"的游戏，即在七月七日上午，拿一碗水暴晒日中，顷刻之间水面便产生一层薄膜，把平日缝衣或绣花针投入碗中，针便会浮在水面，此时便需全神贯注观看水底针影，如细直如针形或成云物花朵鸟兽之形，则投掷者便"乞得巧"，这些影子表示织女赐给她一根灵巧的绣花针，可以绣出美丽的图案；反之，则说明没有乞到巧。

拜织女。七夕祭拜，七夕节之前，少女少妇们事先约好主祭人家，大家分摊采购供品。在节日的前一天斋戒沐浴。七夕来到主祭人家，在庭院前摆好供桌和各式祭品，然后轮流在桌前对着天上的双星焚香礼拜，并且默念自己的心事。少女是祈求长得更漂亮或嫁个如意郎君;少妇则希望早生贵子或能得丈夫与公婆的宠爱等。有的地方对空祷祝"乞巧星,智慧星,谁望见,会聪明"。如果这时有人看到织女星,便会喜上眉梢,认为自己已向织女乞到了智巧,今后会像织女一样聪明伶俐。

拜魁星。想博取功名的读书人特别崇敬魁星,相传七月七日是魁星的生日。魁星文事,所以一定在七夕这天祭拜,祈求他保佑自己文运亨通。魁星爷就是魁斗星,廿八宿中的奎星,古代士子中状元时称"大魁天下士"或"一举夺魁",都是因为魁星主掌考运的缘故。根据民间传说,魁星爷生前长相奇丑,脸上长满斑点,又是个跛脚。然而这位魁星爷志气奇高,发愤用功,竟然高中了。皇帝殿试时,问他为何脸上全是斑点,他答道:"麻面满天星";问他的脚为何跛了,他答道:"独脚跳龙门"。皇帝很满意,就录取了他。当然,也有另一种完全相反的传说,说魁星爷生前虽然满腹学问,可惜每考必败,便悲愤得投河自杀了。岂料竟被鳌鱼救起,升天成了魁星。因为魁星能左右文人的考运,所以每逢七月七日他的生日，读书人都对他郑重祭拜。

结彩缕穿七孔针。此为中国南北朝时期就流行的乞巧游戏。七孔针大概是针尾有七个针孔，七夕节时让妇女把彩线穿过它的针孔，穿得快的表示乞得巧。这种"乞巧针"平时是不能用来缝衣服的。元朝时也有穿九孔针的，先穿完的人"得巧"，迟的人称为"输巧"，输巧的人要将事先准备好的小礼物送给得巧者。近世以来，在中国南方，七夕节妇女在祭拜织女时，仍有这样的习俗：老人们给每人一根线、一枚针，让她们同时穿引，穿得快的算是乞到了灵巧和智慧。

香桥会。在江南的七夕节，每逢这天都要过一年一度的香桥会。香桥系由香客中手艺高明的人所搭，所用材料均为香客所献。桥身长约4—5米，宽约0.5米，用裹头香搭成，各种颜色的毛线组成桥的栏杆上的装饰。桥的正中，放上各家各户送来的檀香包堆砌成的精巧的香亭。香桥会的主题，是对牛郎织女追求幸福与坚贞爱情的声援与支持。香桥会一般要持续一整天，夜晚香烛点燃焚化，火光映天，馨香弥漫，人们想象着牛郎织女已经走过自己献赠的香桥相会了，于是怀着极大的满足，尽兴而归。

乞巧吃巧果。七夕节产生于中国的汉朝，发展于唐宋，盛行于明清，在历史上几经演变。七夕的节令食品，当以巧果为最。巧果又名"乞巧果子"，款式极多，主要的材料是油面糖蜜。《东京梦华录》中称之为"笑厌儿""果食花样"，图样则有捺香、方胜等。宋朝时，市街上已有七夕巧果出售。民间祭拜后，一般将供品中的一半投于屋上给织女用，余下的大家分食。同时还一面吃花生瓜果、喝茶聊天，一面玩乞巧游戏。

食瓜果。古人相信织女除了管理妇女纺织外，还是主宰瓜果生长的女神。《晋书》"天文志"里就说："织女，天女也。主司瓜果、丝帛、珍宝……"因此在七夕食品中，除了茶、酒之外，还盛陈"酒、脯、瓜果、菜于庭中"。瓜果中有新鲜水果和五子（桂圆、红枣、榛子、花生、瓜子）。

七夕"尝新"。古人认为织女不仅是主司人间的巧神，而且是主管人间的植物、生产和收获之神。七夕时值孟秋，收获在望，为了祈求天遂人愿、大获丰收，早在周代之前，就有以新黄之穗荐田祖"尝新"之礼。后世许多地方每当七夕来临之际，将绿豆、豌豆、小麦等置于瓷器内，以水浸之，生芽数寸，并束以红蓝丝绸，用以祈福。在七夕这一天，人们还会用面粉制作各种小型物品，放到油锅里煎炸，称为"巧果"。晚上还会在打扫干净的庭院里，摆上巧果、莲蓬、白藕、红菱等，家中亲友围坐在一起。

七夕乞巧会。旧俗中有在七夕将新嫁闺女接回娘家的，怕王母娘娘拆散新婚夫妇的幸福生活，故此暂避以求长久的团圆。这就是有的地方将七夕乞巧节又称为避节的由来。不过，正如一首民歌所写的："几多女伴拜前庭，艳说银河驾鹊翎；巧果堆盘争负胜，年年乞巧祈双星。"民间七夕乞巧的风俗毕竟令人感到有趣与欣喜。

上海旧时风俗，在七夕陈列瓜果，女儿遥拜银河，称为"乞巧会"。南汇县风俗，在七夕瓜果中，必须要有西瓜，当地谚语说："七月七，买个西瓜刀上切。"另外，街市中有卖巧果的，就是将面食油炸成小巧玲珑的样子。

妇女用凤仙花汁染指甲。乞巧节里女儿们最高兴,所以又叫做女儿节。妇女还在月光下穿针,以应乞巧之名目。关于乞巧节的活动,阿英在《女儿节的故事》中是这么写的:"巧节(又称乞巧会)在晚间;孩儿们洒扫庭园或露台,陈瓜果、洒饵、肴馔,燃香烛,礼拜双星。有的还张挂《七夕牵牛织女图》;用青竹竿,戴绿荷叶,系于庭,以当承露盘;以西瓜雕刻成花,燃烛,谓之'瓜灯'。个别地区还束橐为织女,首饰衣襦,仿时世装,名'七姐',就庭设供。礼拜双星时,大家绕'七姐',拍手唱《乞巧曲》,向双星飞洒香粉。秋夜,天朗气清,星河耿耿,她们就在下面饮食作乐,谈牛郎织女故事,和有关巧节遗闻。"这个说的是1930年代的乞巧节的故事了。

七夕能否称作"中国的情人节"

"七夕节"的本意当然是歌颂人间美好的爱情。因与美丽、凄婉的爱情故事密切相连,现在很多地方力图把"七夕节"打造成"东方情人节"。我的看法如下:

对七夕节的文化创新应该提倡。七夕节源于一个凄楚动人的神话故事,说的是天上的织女与人间的牛郎互相爱慕,结为夫妻,后来却被狠心的王母娘娘拆散,二人化成牛郎星、织女星,分隔在天河两岸,只能每年农历七月初七在天河上的鹊桥相会。七夕节表达的是已婚男女之间"不离不弃""白头偕老""忠贞不渝"的一种情感,双方恪守的是对爱的承诺。基于这种美好的情感,对七夕节进行文化衍生、转换与创新，是很有必要的，而且按照文化产业"根、茎、叶"的关系来处理是很正常的。我也不反对借鉴西方文化，事实上，中华文化就一直在不断吸收外来文化，并加以消化、融合，使自身变得越来越饱满、越来越丰富。一个传统节日真正具有生命力，就应当吸引当代人，让年轻人关心，从这一角度而言，具有两千多年的七夕节无妨加入一些时尚因素。唐代以后的传统节日几乎都是向民众喜闻乐见的方向发展，然而，把七夕叫做中国的"情人节"，实在有点牵强附会。由于中西方文化传统的差异，对"情人"概念的厘定也很容易产生歧义。即使按照西方人的情人节标准，我仔细梳理七夕节的所有文化元素，看不出有哪一种文化元素是指向这种"情人节"的。依我之见，倘若把七夕节定为中国的"爱情节"还算凑合。历史上中国真实存在过的"情人节"应该是三月三。

故事太过凄婉，正确诠释"织女"形象。 现代人讲究快节奏、注重生活质量、追求美好情感。牛郎织女虽然爱情忠贞值得提倡，但他们银河相隔，没有共同的生活，一年一次的相会，除了能让人们感受到悲伤、陪伴他们掉下几滴同情或感动的泪水之外，有谁会真的想仿照他们的方式生活？这似乎不太符合现代人的审美观。牛郎织女的神话故事传颂久了，大家习惯了牛郎与织女的忠贞不二，但问题要两面看：一方面，织女为了追求真爱放弃天庭生活，下凡来人间陪伴牛郎清贫度日，值得夸耀、令人羡慕；但另一方面，织女违反天庭天规，使人联想违反法律或法规的行为是否值得夸耀？当年反帝反封建时代，很多女性冲破家庭阻力、社会压力，不顾地位、学历、家庭背景、金钱等外来因素干扰，追求纯真爱情具有进步意义，可以被歌颂。那么当今打着追求"爱情"的口号，动辄破坏别人的家庭、冲破法律与道德底线的行为是否可以被人理解或认可？

"七夕节"至今没有形成自己的特色。牛郎织女的故事传承了几千年，符合中国人传统的审美观，人们感受到的是他们的忠贞、他们的艰难、他们悲剧性的结局，并为此而感动。但这么多年，"七夕节"并没有形成自己的特色，人们只停留在憧憬美好爱情的幻想中，而且还是个如此凄婉的幻想！信物到底是什么？节日标志性食品也不明确，怎样让它的转换与创新有商业模式可以依托？这是需要我们仔细思考的。

  我认为，节日的繁荣与兴盛，与节日的制度化并无直接的联系，更不是靠"拯救"和"复兴"就可以简单完成的，它需要依赖强大的经济和文化背景，需要挖掘七夕节的文化内涵，对它进行创造性转换与创新性发展，赋予其明确的节日定位。希望年轻人重新去认识传统文化，增强对自己民族传统文化的自觉保护意识。我相信对于传统节日的现代化演进，从来都不是、也不可能一成不变的。就如同两千年来，中国传统节日从一开始就是一边衍生着、一边创新着走过来的。

陆

秋暮夕月

中秋

宋代苏东坡中秋词《水调歌头》："明月几时有，把酒问青天。不知天上宫阙，今夕是何年。我欲乘风归去，又恐琼楼玉宇，高处不胜寒。起舞弄清影，何似在人间。转朱阁，低绮户，照无眠。不应有恨，何事长向别时圆。人有悲欢离合，月有阴晴圆缺，此事古难全。但愿人长久，千里共婵娟。"这首词写出了中华传统节日中秋节的豪放，最富有诗情画意。时人胡仔（徽州绩溪人，字元任）《苕溪渔隐丛话》后集卷三十九评价说："中秋词自东坡《水调歌头》一出，余词尽废"，由此足可见东坡此词独步当时之概。

东坡此词岂止是独步当时文坛，可以说是独步千年。夜幕降临，皎月当空，大地披纱，万物静谧。千家万户，男女老幼，移步桂庭，设坛祝祭，品饼赏月，饮酒赋诗。老人们在月光下笑逐颜开，享受着子孙满堂，合家团聚的幸福和安逸；年轻人在月色里漫步缠绵，感受着生活的美好和爱情的甜蜜；孩子们在月影下追逐嬉戏，放纵着自由和欢笑，其情满满，其乐融融。宋代吴自牧在《梦粱录》里有详尽记载："王孙公子，富家巨室，莫不登危楼，临轩玩月。或开广榭，玳筵罗列，琴瑟铿锵，酌酒高歌，以卜竟夕之欢。至于铺席之家，亦登小月台，安排家宴，团圆子女，以酬佳节；虽陋巷贫窭之人，解衣市酒，勉强迎欢，不肯虚度此夜。天街买卖，至于五鼓。玩月游人，婆娑于市，至宵不绝……"中秋节，让中国人的心头充溢久久的暖意，充满浓浓的亲情。

中秋节的起源与扩布

古人的"朝日"与"夕月"传统。中秋又叫仲秋、月夕，应该说，它是华夏民族岁时节日系统中仅次于春节的第二大民俗节日。中秋节最核心的起源要素，是从上古时代就有的月神信仰衍变而来的敬月习俗，以及流传几千年的祭月之风，它实际上是华夏民族的"敬月之节""祭月之节"。这个节日保存着先民古老的天地人和的哲学思考，蕴含着华夏子孙生生不息的敬月信仰。《周礼》中即有"中秋献良裘""中秋夜迎寒"的说法，但那时的"中秋"只是单纯的月令时间，并无节日之意。中秋成为节日，是唐宋以后的事。嫦娥奔月、金蟾玉兔、吴刚折桂的美好传说，还有月饼起源与元末起义之事等等，无一不是附着在中秋节上的，这些美好传说与故事，又进一步丰富了中秋节的文化内涵。

中国人的祭祀文化，表达的是"敬天、礼地、爱人"这三种基本情感指向，所崇拜的是天神、地祇、人鬼三种类型的神明。天神之中，按等级分为昊天上帝、日月星辰和列星三等，太阳和月亮就是华夏先民最崇拜的自然神之一。古往今来，中国的"月亮文化"蕴藏非常丰富、深厚，包括玉兔、夜光、素娥、冰轮、玉轮、玉蟾、桂魄、蟾蜍、顾兔、婵娟、玉弓、玉桂、玉盘、玉钩、玉镜、冰镜、广寒宫、嫦娥、玉羊等众多说法和掌故，神话传说、诗词歌赋等等更是难以胜数。《周礼》等文献中关于对日月的崇拜已发展至宏大而正规的天子的日月祭祀。《周礼·典瑞》："圭璧以祀日月星辰"。《礼记·祭义》："祭日于坛，祭月于坎"。《国语·周语》："古者先王即有天下，又崇立于上帝明神而敬事之，于是乎有朝日、夕月，以教民尊君"。

祭祀日月的时间，周礼中规定了春分和秋分，即所谓"两分"。原始先民认为，日属阳之精，月属阴之精，春分和秋分就分别成了祭祀太阳和月亮的日子。古人祭日，称为"朝日"，祭月，就称为"夕月"。"夕月礼"就成为了祭月之礼的特有称呼。历朝历代关于祭月的仪礼都有一定的规制。

每年两分祭日月时，日月是礼敬的主神，是祭礼的主角，这种专门的祭祀为正祀和常祀。除此之外，日月还在其他祭祀场合被附带祭祀，此时日月充当的是配祀。比如，郊祀天地常以日月从祀；诸侯觐见天子之礼要到南门拜日、北门拜月；祈年、禜祭等也都要祭日月。

周礼是因俗制礼，天子礼月显然是建立在华夏月神信仰的基础之上。由此，天子的礼月才能获得足够的信仰合法性，礼月才能成为巩固统治政权的有效的政治仪式和文化制度。此时，民间对月神的崇拜仍然在缓慢发展，而统治阶层重在向月示敬，游赏是可有可无的事情。所以，直到南北朝时，以"祭月+游赏"为标志的中秋节仍未在华夏大地上全面成形。

从赏月到中秋节的产生。"中秋"一词早已有之，

《周礼》中即有"中秋献良裘""中秋夜迎寒"的记载，但那时的"中秋"只是单纯的月令时间，并无节日之意。中秋成为节日，是唐宋以后的事，是由仲秋时节的月神祭祀发展而来。隋唐时代，特别是盛唐的繁荣，逐渐激发了民间在仲秋祭月时节的玩赏之风。赏月之风和民间流传的祭月风俗逐渐合流，诗歌勃兴，科举开考，无数背井离乡的士子，在丹桂飘香的时节由"举头望明月"的月神祭祀，由纪而祭，由祭而庆。人们并不十分刻意追求在秋夕祭月，所以，最接近秋分点的一个满月日，就成了这一秋月祭赏之节最佳的选择。唐代文人八月十五玩月吟诗的风气，该是多么优雅的活动啊，天上的一轮明月逐渐披上了人情的薄纱。宋代文人中秋玩月多伴随着宴饮聚会，这一形式也为民间富户、土豪所效仿。到北宋中期，形成了以文人官僚的诗筵笔会和市民宴饮玩乐并行的大众化的节日。但宋代山河破碎，外敌侵扰，中秋的节义有了更不一般的内涵，中秋的圆月弥足珍贵，"团圆"的特征及其象征意义被凸显出来。"祭月"与"团圆"，才使中秋节的习俗内涵变得完整而更富意义。

"明月几时有，把酒问青天"的祭月情感与"但愿人长久，千里共婵娟"的团圆期盼合二为一，奠定了中秋节日文化的基本内涵。中秋节，是"祭月节"，也是"团圆节"。

中国人对月亮有着绵延的情结，文人墨客更是对月亮情有独钟。中国文学史从诗经起就歌颂月亮，"打开中国文学史，每一页都有仰望月亮的目光。"这当中，有李白"床前明月光，疑是地上霜"的浪漫、杜甫"今夜鄜州月，闺中只独看"的深沉、苏轼"明月几时有，把酒问青天"的豪迈，而且这种浪漫、深沉和豪迈的情怀，一直延续至今，并深刻地影响着我们现代人的精神生活。

关于中秋节起源的讨论。有关中秋节起源的问题，学界历来有不同的看法，归纳起来，不外乎以下几端：

第一种说法认为，在传统的农耕社会，自然气候对中国的农事活动影响巨大，所谓靠天吃饭，信天由人，而春播、秋收都是头等大事。在春播的时候，需要祭祀土地神，祈求丰收，这种祭祀活动被称为"春祈"。同样，在秋收的时候，也要祭祀土地神，答谢神的护佑，这便是"秋报"。八月十五是秋收时节，家家户户都会在这一天拜土地，所以中秋可能是"秋报"的遗俗。

第二种说法认为，中秋节源于中国人古老的日月崇拜。中国古代很早就有祭祀日月的宗教礼俗，在古人的心目中，太阳与月亮代表着世界的两极。"日者，阳之主"，"月者，阴之宗也"。一个叫"太阳"，一个叫"太阴"，代表着阴阳两极，在时间上分属日夜。日月是构建历法体系的基础，季节上分属春秋，空间方位上属东西，五行中属水与火。二者相互配合、相互依存。《礼记·祭义》所谓："日出于东，月出于西，阴阳长短，终始相巡，以致天下之和。"日月的正常运行是宇宙和谐的保证，因此古人很重视对日月的祭祀。

古代帝王有春天祭日，秋天祭月的礼制，祭日在"春分"，祭月在"秋分"。一年中分春夏秋冬四季，每季又分为孟、仲、季三个部分，因而中秋也称仲秋。八月十五的月亮比其他几个月的满月更圆，更明亮，所以又叫做"月夕""八月节"。在《周礼》一书中，已有"中秋"一词的记载。秦汉时期，日月祭祀实乃皇家的礼制，与一般民众没有什么关系。月亮对于平民来说,是一种外在的神秘的支配力量,无法接近它,祭祀它。因此华夏文化系统内民间祭月的习俗,在汉魏典籍中不见著录,更不用说出现以拜月为中心的节日。

民俗史上,唐代是一个重要的朝代,许多民俗节日到唐代都为之一变。那些充满神圣色彩的祭祀习俗逐渐消解,而民众的娱乐成分大为增加。特别是随着天文知识的丰富与时代文化的进步,节日的神秘色彩明显消解,娱乐成分明显增加。唐代又是一个具有博大气象包容的朝代,精神浪漫、气象恢弘,中秋赏月玩月从神坛上走下来,逐渐走到民间。

而今,人们忽视了华夏儿女的月神信仰,忽视了中秋节的团圆价值,精美的天价月饼,炫目的中秋华彩,黯淡了真正的月光。如果仅仅把中秋节变成"月饼节""聚会节",丢掉了节日的灵魂,其中的中国气派、中华韵味、华夏历史、民族范儿就无从体现,也无从谈起。

中秋节习俗风尚

祭月。中秋节的月亮特别地皎洁、明亮与圆满,具有象征性的意义。祭拜月神(民间也叫太阴星主、月姑、月宫娘娘)时,祭月的人家先朝月出的方向,设下供案,陈列一些应时的瓜果,再加上清茶、素油、月饼、糖果等祭品,等月亮升起,便燃烧斗香。(斗香是以线香编成斗形,中纳香屑),全家人恭拜"太阳星主月光菩萨"。

请神。民间传说,一到中秋,诸神都出游赏月,他们也乐于到人间和人们打交道,还说经过特殊的咒语和请神仪式,神明会显灵。这些神明中有篮神、桌神、月姑、八仙等,据说请到了神明,可以造福人间,消灾避难。其实，这不过是一种神秘而有趣的游戏而已。

娱神。既然天上神仙在中秋节这天都要下到人间凑热闹，人间自然也应有欢迎的表示，于是各地都有一些娱神的节目。如福建、安徽等省的一些地方在中秋节这天，人们扮演杂剧以娱神。八月十五这天恰巧也是土地神的生日，人们在过中秋节的同时，感于一年辛劳，收获在望，自然要酬谢土地神和暗中保佑自己的祖先。

听香。中秋节这天许多地方的妇女在家中所供奉的神像前，点香祷告，表明所要卜测的事情，问财运、或问子息、或问亲人归期，还要请示出门后的前进方向。也有静立院中听香者，很有一些民间巫术的味道。其他还有诸如照月求子、偷瓜求子、祈求月老等涉及女子婚姻的习俗风尚。

中秋游乐。中秋月皎洁明亮，晶莹夺目，清爽明澈，是人们开展多种游乐活动的大好时机。例如玩兔儿爷是孩子们喜爱的活动；在广东则有"树中秋"，各家用竹条扎灯，形状多样，夜间点燃，相互连接，用绳索系在竹竿上，然后挂在高处以庆中秋；在闽南则有"烧塔仔"

活动；在江南一带，因为江河湖泊纵横交错，"夜半湖生看串月，几人醉倚望河亭。""湖光看串月"也是一件美事。

吃月饼。中国城乡各地，乃至遍布世界各地的华人侨胞，中秋节这天都有吃月饼的习俗。民间谚语说"八月十五月正圆，中秋月饼香又甜"，月饼成为中秋节的一个象征，见之于文字记载是始于明朝。与端午节吃粽子一样，月饼是纪念反抗异族的统治。

中秋之神话传说

嫦娥奔月的神话。嫦娥奔月的故事最早见于《淮南子·冥览训》，只有一句话："羿请不死之药于西王母，娥窃以奔月，怅然有丧，无以续之。"后世在传说中演绎出多种不同的版本，故事变得愈发有声有色。举一例：嫦娥原是玉皇大帝天宫中同其他仙女天神一起工作的女子。有一天，她打碎了一个特殊的瓷罐，因此被驱逐到凡间和人类生活在一起，只有当她做了好事才能重新返回天上。嫦娥在一户农民家里遇到了身为猎人和射手的后羿，后来他们结婚了。但是凡间随后就出现了危险，玉皇大帝的 10 个爱搞怪的儿子化作 10 个太阳，炙烤着大地和人类。后羿主动承担责任以拯救大家，他力大无比，射术超群，一口气射下了9个太阳，只留下一个给人们带来温暖和光芒。后羿成名后，还从昆仑王母处获赠一包不死药，据说服下此药能升天成仙。然而，后羿舍不得撇下妻子，暂时把不死药交给嫦娥珍藏。嫦娥将药藏进梳妆台的百宝匣里，不料被小人蓬蒙看见了，他想偷吃不死药自己成仙。三天后，后羿率众徒外出狩猎，蓬蒙趁机闯入内宅，威逼嫦娥交出不死药。嫦娥无奈，将不死药一口吞了下去。仙药果然效果惊人，嫦娥的身子即刻产生离心力，飘离地面，夺窗而去。由于嫦娥牵挂着丈夫，便飞落到离人间最近的月亮上成了仙。后羿得知后已无可挽回，他悲痛万分，在花园里摆上香案，放上妻子平时最爱吃的蜜食鲜果，遥祭月宫。百姓们闻知后也纷纷效仿，一同向善良的嫦娥祈求吉祥平安。从此，中秋节拜月的风俗在民间传开了。在其他神话传说的版本中，也有将嫦娥描述成反面角色的，不过，最受民间欢迎的，还是各种经过修饰、加工，使嫦娥符合人们对美的追求的版本。《灵宪》就记载了"嫦娥化蟾"的故事:"嫦娥,羿妻也,窃王母不死药服之,奔月。将往,枚占于有黄。有黄占之,曰:'吉,翩翩归妹,独将西行,逢天晦芒,毋惊毋恐,后且大昌。'嫦娥遂托身于月,是为蟾蜍。"嫦娥变成癞蛤蟆后,在月宫中终日被罚捣不死药,过着寂寞清苦的生活。李商隐在《嫦娥》中感叹,"嫦娥应悔偷灵药,碧海青天夜夜心"。因此,月宫也被称为"蟾宫"。

吴刚伐桂的神话。这一神话也有多种版本。相传月亮上的广寒宫前的桂树生长繁茂,有五百多丈高,下边有一个人常在砍伐它,但是每次砍下去之后,被砍的地方又立即合拢了。几千年来,就这样随砍随合,这棵桂树永远也不能被砍光。据说这个砍树的人名叫吴刚,是汉朝西河人,原本是凡间一位樵夫,但是他不喜欢当樵夫,于是他就请白发神仙教他仙术,可是他学了很久都没有学成。后来,他又请白发神仙教他神游到月亮上。因为他始终不肯专心学习,因此,白发神仙很生气,就把他留在月宫,并说:"如果你心平气和地砍倒桂树,你就可以获得仙术。"可是,吴刚每次砍完一段时间，桂树便会自动愈合，日复一日，年复一年，吴刚伐桂的愿望仍未达成，他不断地砍下桂树，桂树不断地愈合。

还有一个版本说，南天门的吴刚和月亮里的嫦娥偷着约会，由于分心而疏于职守。玉皇大帝知道后，一气之下，就罚吴刚到月亮里去砍一棵叫月桂的大树。如果吴刚不砍光这棵月桂树，便不能重返南天门，亦不能与嫦娥相会。吴刚就这样砍啊，砍啊，从冬天砍到夏天，足足砍了半年，眼看快要将树砍光，玉帝却派乌鸦来到月桂树旁，"唰"的一声，把吴刚挂在树上的上衣叼去了。吴刚马上放下斧头，去追乌鸦。衣服追回后，吴刚回到树旁一看，只见被砍下的所有枝叶又重新生长到树上去了。于是，从此之后，每当吴刚快要砍光桂树枝叶的时候，乌鸦就站在树上"哇哇"大叫，吴刚只要停下斧头，望它一眼，大树便会重新长出枝叶。这样，年复一年，吴刚总是砍不光这棵月桂树。而只有在每年八月十六那天，才有一片树叶从月亮上掉落地面。要是谁拾获这片月桂树的叶子，谁就能得到用不完的金银珠宝。

广寒宫神话。唐代大诗人李白诗中有"欲斫月中桂，持为寒者薪"的诗句。南宋词人辛弃疾有《听月诗》："听月楼头接太清，依楼听月最分明。摩天咿哑冰轮转，捣药叮咚玉杵鸣。乐奏广寒声细细，斧柯丹桂响叮叮。偶然一阵香风起，吹落嫦娥笑语声。"这是一首"听"起来很清脆悦耳的诗。诗中，月亮中的神仙和小动物悉数出场，组成了一幅绚丽的广寒月宫图。关于中秋，关于月亮，关于月中的神仙，民间产生了许多神话传说故事。这些传说，丰富了中秋的文化内涵，使人们在仰望一轮皓月时油然而生瑰丽奇伟的感受，神话中的主人公更幻化为民间信仰的月神，感染了我们民族几千年，在人们的口中代代传承。至于广寒宫里的那棵桂花树，传说它高达五百丈。这株桂树不仅高大，而且有神奇的自愈功能。有西河樵人吴刚，醉心于仙道却修习不力，被放逐月宫，伐桂树作为劳改。仙诣："若伐倒桂树，就可获仙术。"结果如诸位所料，日复一日地，吴刚便在这月宫住了下去，这个故事再也没有尽头。月桂也是人间推崇的一种神奇的树。我们中国人认为，每当八月桂花飘香，月满风清中秋节来临时,桂花香就越发浓郁,广寒宫里的桂花同样飘逸着异香。

玉兔捣药的神话。传说很久以前,月亮之中有一只兔子,浑身洁白如玉,所以称作"玉兔"。这只白兔拿着玉杵,跪地捣药,成蛤蟆丸,服用此等药丸可以长生成仙。久而久之,玉兔便成为月亮的代名词。在道教中,玉兔常常与金乌相对,表示金丹修炼的阴阳协调。还有一说,说有一对修行千年的兔子,得道成了仙。它们有四个可爱的女儿,个个生得纯白伶俐。一天,玉皇大帝召见雄兔上天宫,它依依不舍地离开妻儿,踏着云彩上天宫去。正当它来到南天门时,看到太白金星带领天将押着嫦娥从身边走去。兔仙不知发生了什么事,就问旁边一位看守天门的天神。听完她的遭遇后,兔仙觉得嫦娥无辜受罪,很同情她。但是自己力量微薄,能帮什么忙呢?想到嫦娥一个人关在月宫里,多么寂寞悲伤,要是有人陪伴就好了。忽然想到自己的四个女儿,它立即飞奔回家。兔仙把嫦娥的遭遇告诉雌兔,并说想送一个孩子与嫦娥作伴。雌兔虽然深深同情嫦娥,但是又舍不得自己的宝贝女儿，这等于是割下它心头的肉啊！几个女儿也舍不得离开父母，一个个泪流满面。雄兔语重心长地说道："如果是我孤独地被关起来，你们愿意陪伴我吗？嫦娥为了解救百姓，受到牵累，我们能不同情她吗？孩子，我们不能只想到自己呀！"孩子们明白了父亲的心，都表示愿意去。雄兔和雌兔眼里含着泪，笑了。它们决定让最小的女儿去。于是小玉兔告别父母和姊姊们，到月宫陪伴嫦娥捣药了！

唐明皇游月宫的神话。传说唐开元年间，中秋之夜，方士罗公远邀玄宗游月宫，掷手杖于空中，即化为银色大桥。过大桥，行数十里，到达一大城阙，横匾上有"广寒清虚之府"几个大字，罗公远对玄宗说："此乃月宫也。"见仙女数百，素衣飘然，婀娜多姿，随音乐翩翩舞于广庭中。玄宗看得如痴如醉，默记仙女优美舞曲，回到人间后，即命伶官依其声调整理出一首优美动听的曲子，然后配上模仿月宫仙女舞姿的舞蹈，这就是闻名后世的《霓裳羽衣曲》。此传说成为千古佳话，月宫从此也有了"广寒宫"之称。

"男不拜月，女不祭灶"。古人是崇拜月亮的，但崇拜者是天下的女性。每当八月十五中秋月圆时，人们就要借助圆圆的满月来祈求自己家庭团圆和睦，吃圆圆的月饼，喝甜甜的桂花酒。这时是不分男女的，大家同吃，同喝。每当这时，人间的女性便要祭祀太阴星君，拜月亮。未婚女性拜月是希望那位传说中专为男女青年姻缘牵红线搭鹊桥的月老儿，为自己牵上一位如意郎君，过上幸福美满的婚姻生活。已婚妇女则希望有着神秘莫测才能、同样是女性的太阴星君能够保佑自家夫妻和睦，儿女孝顺，团团圆圆，合家欢乐。

对太阴星君这位女性天神的祭拜是在庭院。对着清朗的满月，摆放几案，供奉一个写有"太阴星君"的牌位和一种"月光码儿"的图案，再供上瓜果梨桃和月饼。号称"月光码儿"的图案，上部画着犹如菩萨正襟危坐的太阴星君，下部画着月宫宫殿和两条腿站立着捣药的兔子，彩云环绕。整幅画色彩艳丽，富丽堂皇，是用木版印制在纸上。太阴星君牌位前摆放香炉，燃着细细甜甜的香，由家中女性点燃，并且由女性祭拜，因为传统是"男不拜月,女不祭灶"。作为一家之主的大老爷们儿只可屈膝祭拜一家之主的神圣灶王爷,而绝不能向属于太阴的女神下跪。

中秋节节物

作为祭月的月饼。月饼是奉祀月神的祭品,人必须在月神"享用"祭品之后才能吃。神主享用后,祭者以"馂"的环节结束整个祭祀礼仪。从祭月到分食月饼,是汉民族中秋节祭月的完整习俗。中秋节之夜,人们以月饼、西瓜、各色水果等奉献给月神,在月神"享用"后人们再分切月饼。

祭月。中秋节的主要主题有三:祭月、游赏与团圆。祭月是中秋的核心,其他习俗皆是祭月的衍生习俗。自周代起,仲秋时节都要举行迎寒和祭月,方式大同小异:设香案,摆上月饼、西瓜、苹果、李子、葡萄等时令水果，其中月饼和西瓜是绝对不能少的。月饼是最重要的祭品，西瓜还要切成莲花状。红烛高燃，全家人依次拜祭，焚香拜月说出心愿，祈求月亮神的保佑，分食月饼时得照顾到所有家庭成员，按照长幼之序分食。

月饼传说。"月饼"一词，最早见于南宋吴自牧《梦梁录》中，那时月饼只是像菱花饼一样的饼形食品。后来逐渐变成圆形，寓意团圆美好。明代《西湖游览志会》："八月十五日谓之中秋，民间以月饼相遗，取团圆之义"。

关于月饼来源，有很多传说：

唐军大捷说。唐高祖年间，大将军李靖征讨突厥得胜，八月十五凯旋而归。当时有经商的吐鲁番人向唐朝皇帝献饼祝捷。高祖李渊接过华丽的饼盒，拿出圆饼，笑指空中明月说："应将胡饼邀蟾蜍。"说完把饼分给群臣一起吃。

贵妃望月说。殷、周时期，江、浙一带就有一种纪念太师闻仲的边薄心厚的"太师饼"，可谓月饼的"始祖"。汉代张骞出使西域时，引进芝麻、胡桃，为月饼的制作增添了辅料,这时便出现了以胡桃仁为馅的圆形饼,名曰"胡饼"。唐代,民间已有从事生产的饼师,京城长安也开始出现糕饼铺。据说,有一年中秋之夜,唐太宗和杨贵妃赏月吃胡饼时,唐太宗嫌"胡饼"名字不好听,杨贵妃仰望皎洁的明月,心潮澎湃,随口而出"月饼",从此,"月饼"的名称便在民间逐渐流传开。

元末起义说。中秋节吃月饼相传始于元代。当时,中原广大人民不堪忍受元朝统治者的残酷统治,纷纷起义抗元。朱元璋联合各路反抗力量准备起义。但朝庭官兵搜查得十分严密,传递消息十分困难。军师刘伯温便想出一计策,命令属下把藏有"八月十五夜起义"的纸条藏入饼子里面,再派人分头传送到各地起义军中,通知他们在八月十五日晚上起义响应。到了起义的那天,各路义军一齐响应,起义军如星火燎原。很快,徐达就攻下元大都,起义成功了。消息传来,朱元璋高兴得连忙传下口谕,在即将来临的中秋节,让全体将士与民同乐,并将当年起兵时秘密传递信息的"月饼",作为节令糕点赏赐群臣。此后,"月饼"制作越发精细,品种更多，大者如圆盘，成为馈赠的佳品。以后中秋节吃月饼的习俗便在民间流传开来。

特色的祭月用品。如月光纸和兔儿爷等。据明代《帝京景物略》记载，这种月光纸，上部画有月光菩萨像，下部绘玉兔捣药及月宫图案，到了清代改称"月光马儿"。另有一种是兔首人身的泥塑，叫兔儿爷。它产生于明末，盛行于清代，既是祭品，也是中秋的儿童玩具。

游赏食饮之习俗。祭月之风产生了游赏之俗。赏月又叫玩月，是中秋节最重要的节日活动之一。唐时文人便有赏月的习惯，至宋代正式形成中秋节，《东京梦华录》有相关记载。古时中秋游赏，形式丰富多彩。富者多搭彩楼，贫者多寄圩酒楼，好游者则或登于山、或泛于水，必备核肴酒浆，文人赋诗，俗士讲古，通宵达旦。良辰、美景、美酒、美食，佳节尽欢。

中秋团圆的习俗。中秋一轮圆月，被人们寄予了团圆、美满的心愿。在漫长的中秋节的历史上，酒是不可或缺的，酒的醇香蕴化着思乡之情。时至今日，中秋佳节仍是少不了一缕酒香。游赏、饮宴、娱乐，中秋的活动都是合家团聚方能尽兴美满。历代诗人歌咏中秋圆月、抒发怀乡情思的诗词佳句,不胜枚举。

中秋燃灯之俗。中秋之夜,明月如水,人们还以燃灯助兴,以为娱乐。中秋燃灯之俗,其盛仅次于元宵节。中秋花灯品种繁多,各色花灯争奇斗艳,中秋猜灯谜,也是民间喜爱的中秋娱乐。有的地方还有西瓜灯、桔灯、柚子灯等中秋燃灯,有些地方还有烧斗香、树中秋、烧塔、放天灯、走月亮、舞火龙等特殊风俗。

柒 霜菊涵秋

重阳

1929年，在中国革命最为艰难的时刻，毛泽东并没有陷入悲观，那一年重阳节到来之际，他伫立在山间，看到秋日里漫山遍野盛开的菊花，挥笔写下了《采桑子·重阳》："人生易老天难老，岁岁重阳。今又重阳，战地黄花分外香。一年一度秋风劲，不似春光。胜似春光，寥廓江天万里霜。"这首产生于人生最艰难、失意和落魄中的诗词，因着其雄伟壮阔的胸怀和跨越时间的艺术感染力成为千古绝唱。

农历九月初九是中国传统的重阳节，也是对中国人来说非常重要的一个节日。按照中国古老的《易经》，将

"九"定为阳数，两九相重，为"重九"，月日并阳，两阳相重，故名"重阳"。战国时代已经有此称谓，伟大的爱国诗人屈原在《远游》中有"集重阳入帝宫兮"的名句。西汉初年，在宫廷中已经有过重阳的风尚。相传刘邦死后，宫中侍女贾佩兰被逐出宫外，下嫁扶风平民段儒为妻，曾对别人讲过宫中每年九月初九饮菊花酒、吃蓬饵（即重阳糕）、带茱萸，以求长寿的生活情景。两汉历经魏晋南北朝，重阳节成为一个很受重视的节日。到唐朝，经皇帝诏令确立为正式的节日。重阳登高、赏菊、插茱萸、吃重阳糕、饮菊花酒、射兔等种种习俗，历代相沿，经久不绝，延续至今。重阳节经过两千多年的变迁，保存着历史上的各种习俗，已经成为中华民族内容丰富、多姿多彩的节日。上个世纪末年，重阳节又被正式确立为"老人节"或"敬老节"。

重阳节的起源

中国历法农历（又称夏历）每年九月初九日为"重阳"节。"重"的意思，就是"重复"的意思，有古籍《博雅》解释为"再也"。为什么会"重"？其实，这涉及远古时代的先民对"数"概念的认知。从远古时代起，华夏民族就有了"阴阳数"的观念，认为一三五七九为阳数，二四六八十为阴数，"九"是最大的阳数，象征着天。传说古代中国人把天分为九层，九层天是天的最高处，汉语中有关词汇有"九重霄""九霄云外""九天揽月""九天九地"等。我们只要去看一看北京的天坛，就会明白这个明清两代祭天的场所，其建筑无处不体现着

"九"的象征意义。中国人以"九"为大数,刘师培《古书疑义举例补》说道:"凡数指其极者,皆得称之为'九'",《素问》中说:"天地之数,始于一,终于九。"因此,汉语中有"九九归一"或"九九归原"之说。

三国时魏文帝曹丕《九日与钟繇书》说:"岁往月来,忽复九月九日。九为阳数,而日月并应,俗嘉其名,以为宜于长久,故以享宴高会。"九月初九,两"九"相重,故称"重阳"。

中国传统节日有一个重要的现象,那就是每当季节更替之时,人们都要驱毒、除疫、防病健身。三月三上巳节最重要的主题便是祓禊祛灾,五月五端阳节则是恶月解毒。同样,九月初九也是华夏先民除疫健身的节日。如何祛疫健身,远离疾病瘟疫这些磨难呢?纵观历史上的传统节日,无论是上巳节、端午节还是重阳节,几乎都有共同的特征,这就是以节令食却病延年、用浸沐佩戴禳解的方式来避疫防瘟、以野外旅行和增加运动来亲近大自然。如上巳节的佩兰、祓禊、踏青、游春;端阳节的沐兰汤、佩香囊、缠彩缕、食五毒饼、划龙舟、打马球。九月重阳,则是登高、饮菊花酒、插茱萸的习俗形式。这些习俗说明,中华传统节日均是"以人为本""以生命为本"的节日。

关于重阳节的起源,南朝吴均所著《续齐谐记》记载有"桓景登高"的故事:

> 汝南桓景随费长房游学累年,长房谓曰:"九月九日,汝家中当有灾。宜急去,令家人各作绛囊,盛茱萸,以系臂,登高饮菊花酒,此祸可除。"景如言,齐家登山。夕还,见鸡犬牛羊一时暴死。长房闻之曰:"此可代也。"今世人九日登高饮酒,妇人带茱萸囊,盖始于此。

有必要说一说费长房其人。费长房,东汉方士,汝南人。曾为市掾,就是管理市场的官员。传说其从壶公(能缩身入壶的神仙,其故事即"悬壶"的由来)学仙,未成辞归。能医重病,鞭笞百鬼,驱使社公。一日之间,人见其在千里之外者数处,因称其有缩地术。后因失其符，为众鬼所杀。费长房之事，载于《后汉书·方术列传》。

《续齐谐记》是一本古代中国神话志怪小说集。作者是南朝梁吴均（469—520），吴兴故鄣（今浙江安吉）人。《续齐谐记》现存传本只有17条，所记故事多为怪异之事，但文辞优美，书中不少故事曾广为流传。这本书记述：汉代桓景随《易》学大师费长房游学多年。一天，费长房对他的徒弟讲，九月九日那天应系茱萸登高，桓景及家人因听从师言幸免于难，而未及撤离的家畜全部患瘟疫而死亡。故此后每年九月九日外出登高，躲避灾难，相沿成习。

古代丰富的民间传说，记述着人们对天地由来、万物形成、民族生命本源的理解和他们的愿望，并且以民间各种版本的传说、趣闻形式所固化，成为代代相传而又生生不息的风俗习惯。

重阳节传说与故事

民间作品出于集体创作、集体加工,通过口头流传,因而处于变化的状态之中而产生不同异文的现象,称为"变异性"。其原因最主要的是传播路径主要依靠口传心记,靠记忆保存,因而容易产生变异。这是因为早期没有形成文字记载的文本,接受者再传开去时,就随时可能发生变动。关于"重阳节"的故事还有其他一些"异文"与传说:

孟嘉落帽。孟嘉是东晋时代的文士,很有才气。身处东晋黑暗的政治面前,许多有才华的人生不逢时,孟嘉在当时成为最有权势的大将军兼荆州刺史桓温的幕僚,当了一名参军,即参谋军务的一个官吏。九月九日,大将军桓温邀集宾客幕僚作登高盛会,在山顶大摆筵席,饮酒赋诗。当时能出席这种节宴的人穿戴都很讲究,可谓衣冠楚楚。杯盏相酬之间,大家兴致都非常高。突然,山上狂风大作,一阵风将孟嘉头上的帽子吹落在地。孟嘉这时饮酒已经是微醺状态,居然没有察觉帽子被风吹落。主人桓温见状,感觉很是好笑,便叫在座的另一名文士孙盛作文章嘲笑他。孙盛遵照桓温的意图,抓住孟嘉风吹帽居然不知的把柄,在席间写了一篇文章嘲笑孟嘉。没料到孟嘉此时,虽是微醺,却也神志清醒,文思更加敏捷。待孙盛的文章甫一厘定,孟嘉草草读了一遍,立刻提起笔来,作了一篇对答如流的文章反唇相讥。满座的人读了孟嘉的文章,都拍手称好,一时传为美谈。

白衣送酒。这是一则与大诗人陶渊明有关的故事。陶渊明(352或365—427),字元亮,又名潜,私谥"靖节",世称靖节先生,浔阳柴桑(今江西省九江市)人。他是东晋末至南朝宋初期伟大的诗人、辞赋家。曾任江州祭酒、建威参军、镇军参军、彭泽县令等职,最末一次出仕为彭泽县令，八十多天便弃职而去，从此归隐田园。他是中国第一位田园诗人，被称为"古今隐逸诗人之宗"。陶渊明酷爱菊花，菊花是经得起秋后风霜摧折的花卉，象征着高洁的品格。陶渊明生活在晋宋易代的乱世，不满当时的政治倾轧和吏治腐败，也有高洁的品格，正和菊花的精神契合。他辞去官职，回到家乡柴桑隐居，在宅旁东篱边种了许多菊花，朝夕观赏。他的名句"采菊东篱下，悠然见南山"，历来为世人所传颂。陶渊明喜欢喝酒，可是因为家贫，时常缺酒。那年重阳节，陶渊明在篱边赏菊，却没有酒喝，不能一醉，他只得采了一把菊花在手里，嗅嗅嚼嚼，聊以为遣。然而菊花毕竟不能代酒，正在陶渊明百无聊赖的时候，忽然远处来了一个白衣人，原来是江州刺史王弘派来的差人，特地送酒来给陶渊明的。陶渊明喜出望外，立即打开酒瓮，对着菊花开怀畅饮，尽醉方休。这则故事也留下了"白衣送酒"的一段佳话。

两则与重阳节有关的故事，其实说出了在金秋送爽、丹桂飘香之际，人们登高、赏菊、喝菊花酒的节日习俗。

重阳节习俗风尚

登高赏秋。重阳节期间天气晴朗,气温凉爽,适宜于登高望远。登高的风俗最初可能就是从此演变而来的。重阳登高,主要用意在于避疫强身。山顶长空万里,更是绝佳的赏秋之处。重阳登高往往携酒赏菊、佩戴茱萸、临风赋诗,举行趣味盎然的野宴。《荆楚岁时记》记载:"九月九日,四民并籍野饮宴。按:杜公瞻云:九月九日宴会,未知起于何代。然自汉至宋未改。今北人亦重此节。佩茱萸,食饵,饮菊花酒,云令人长寿,近代皆安设于台榭。"自古以来,历代文人雅士,在重阳那天登高望远、赋诗抒怀,都爱寄托自己对岁月对往事的追忆,对游子对父老乡亲的眷念，对祖国对山河的赞美。面对层层叠叠的林木和绵延千里的山峦，自然会吟出"会当凌绝顶，一览众山小"的豪迈诗句。初唐诗人陈子昂登上幽州台，"前不见古人，后不见来者"，不禁"念天地之悠悠，独怆然而涕下"；王勃面对"落霞与孤鹜齐飞，秋水共长天一色"的美景，"天高地迥，觉宇宙之无穷；兴尽悲来，知盈虚之有数"，最后发出"勃，三尺微命，一介书生，无路请缨，等终军之弱冠；有怀投笔，慕宗悫之长风"的感叹。杜甫从"无边落木萧萧下，不尽长江滚滚来"中，感受时光的流逝和生命的峰回路转；左思"振衣千仞岗，濯足万里流"是何等的豪迈；王维更是留下"独在异乡为异客，每逢佳节倍思亲。遥知兄弟登高处，遍插茱萸少一人"的千古绝唱。在秋高气爽的日子，登高仰望天上的流云，俯瞰江河大地，想一想过去，想一想未来，胸襟会变得开阔，志向会变得更加高洁。正所谓"沐春风神飞扬，临秋云思浩荡"，重阳节又是一个娱目骋怀的日子！当然人们登高也不单是攀登而已，还要观赏山上的红叶野花，并饮酒吃肉，享受一番，使登高与野宴结合起来。明清时,北京地区登高颇盛,《燕京岁时记》记录:"京师每届九月九日则都人提壶携榼,出都登高。南则天宁寺、陶然亭、龙爪槐等处,北则蓟门烟树、清净化域等处,远则西山八处。赋诗饮酒,烤肉分糕,询一时之快乐也。"不论文人百姓,都喜欢登高后在山上野餐、烤肉食用。有些贵戚富家则带上幕帐、烤具、车马、乐器,登高台、土坡,架起幕帐、桌椅,大吃爆烤羊肉或涮羊肉,并唱戏奏乐,听歌看舞。在玉渊潭、钓鱼台等处,也集中了不少登高之客,故宫御花园里也有登高之山。

遍插茱萸。茱萸,又名"越椒""艾子",是一种具备杀虫消毒、逐寒祛风功能的植物。重阳节这一天,按照中国民间风俗,人们除登高望远、畅饮菊花酒外,还要身插茱萸或佩带茱萸香囊。茱萸是古来常用作防疫的中国民间药。采摘茱萸的枝叶,连果实用红布缝成一小囊,佩带身上,可用来辟除邪恶之气。重阳节插茱萸之风,在唐代已很普遍。除了王维"遍插茱萸少一人"的名句外,杜甫也有《九日蓝田崔氏庄》:"明年此会知谁健？醉把茱萸仔细看"的诗句。南朝宋武帝刘裕在重阳节宴群僚于戏马台，更把茱萸当作犒赏全军的奖品。诗人储光羲《登戏马台作》留下了"天门神武树元勋，九日茱萸飨六军"的名句。

重阳佩茱萸的习俗在唐代很盛行，人们认为在重阳节这一天插茱萸可以避难消灾。于是或佩带于臂，或作香袋把茱萸放在里面佩带，称为茱萸囊，还有插在头上的。大多是妇女、儿童佩带，有些地方，男子也佩带。重阳节佩茱萸，在晋代葛洪《西经杂记》中就有记载。除了佩带茱萸，人们也有头戴菊花的。唐代就已经如此，历代盛行。宋代，还有将彩缯剪成茱萸、菊花来相赠佩带的。重阳遍插茱萸的风俗，目的在于除虫防蛀。因为过了重阳节，就是十月小阳春，天气有一段时间回暖。而在重阳以前的一段时间内，秋雨潮湿，秋热也尚未退尽，衣物容易霉变。这段时间又是桂花盛开之时，所以中国民间称之为"桂花蒸"，这时必须防虫。茱萸有小毒，有除虫作用，制茱萸囊的风俗正是这样来的。

但是在宋元之后，佩茱萸的习俗逐渐稀见了。其变化的因由大概要从重阳节俗重心的潜移中去理解。重阳在早期民众的生活中强调的是避邪消灾,随着生活状态的改善,人们不仅关注现实的生活,而且对未来生活给予了更多的期盼,祈求长生与延寿。所以"延寿客"(菊花)的地位最终盖过了"避邪翁"(茱萸)。

赏菊簪菊。重阳节离不开菊花。纵然是深秋时节,万物萧条,满目悲秋景色,但"我花开后百花杀"。此时,菊花盛开,满城尽带黄金甲,发出耀眼夺目的光华。民间还把农历九月称为"菊月",在菊花傲霜怒放的重阳节里,观赏菊花成了节日的一项重要内容。据传赏菊及饮菊花酒,与晋朝大诗人陶渊明有关。陶渊明以隐居出名,以诗出名,以酒出名,也以爱菊出名,成为后世文人骚客与士大夫以示清高的效仿对象,遂有重阳赏菊之俗经年累月地流传。据《西京杂记》记载:"菊华舒时,并采茎叶,杂黍米酿之,至来年九月九日始熟,就饮焉,故谓之菊华酒。"相传喝菊花酒能延年益寿,陶渊明性情恬淡,却一生酷爱饮酒,不肯为五斗米折腰,"采菊东篱下,悠然见南山",陶醉于风雅情绪中。

唐代诗人咏重阳节的作品中，写到菊花的比比皆是，可见彼时赏菊风气之盛。如王维"无穷菊花节，长奉柏梁篇"（《奉和重阳节上寿应制》），李欣"风俗尚九日，此情安可忘，菊花避恶酒，汤饼茱萸香"（《九月刘十八东堂集》）。到了宋代，重阳节几乎就完全可称为赏菊节或菊花节了。《梦粱录》记载：宋代人每年重阳节都要"以菊花、茱萸，浮于酒饮之"。宋代文士还给菊花、茱萸这两样东西起了两个雅致的别号，叫菊花为"延寿客"，茱萸为"辟邪翁"。皇宫禁中与达官显宦之家都在这时候观赏菊花，一般普通人家也要购买一两株菊花玩赏。当时有名的菊花高达七八十种，菊花的颜色、名字，多得不胜枚举。宋代重阳咏菊花词也是汗牛充栋，最著名的莫过于女词人李清照的重九《醉花阴》："薄雾浓云愁永昼，瑞脑消金兽。佳节又重阳，玉枕纱厨，半夜凉初透。东篱把酒黄昏后，有暗香盈袖。莫道不消魂，帘卷西风，人比黄花瘦。"这最后三句，千古叫绝。

女子自古便有簪花之俗，依节令不同簪戴不同的花卉。春天多簪牡丹、芍药，夏天多簪石榴、茉莉，秋天多簪菊花、秋葵等。重阳节簪菊风行，唐杜牧诗《九日齐山登高》云："江涵秋影雁初飞，与客携壶上翠微。尘世难逢开口笑，菊花须插满头归。"簪菊之俗唐代已有，历代盛行，宋代还有将彩缯剪成茱萸、菊花来相赠佩带的。不仅女子簪菊，男子也可簪菊，古时汉族男女皆留长发插笄，人们在重阳登高赏菊时在发上插上几朵，颇显热爱生活的灵动和俏皮，且古人认为菊花可避邪、增长寿，重阳簪戴男女老少皆宜。

吃重阳糕。"糕"之名，虽然起于六朝之末，但糕类食品在汉朝时即已出现，当时称为"饵"。饵的原料是米粉，米粉有稻米粉与黍米粉两种，黍米有粘性，二者和合，"合蒸曰饵"。黍为五谷之长，黍在古代是待客与祭祀的佳品。九月，黍谷成熟，人们以黍米为应时的尝新食品，因此，首先以黍祭享先人。重阳糕的前身就是九月的尝新食品。这也就是后世民间在重阳节，以重阳糕荐神祭祖的秋祭习俗渊源，民间在重阳节以重阳糕荐神祭祖，是为秋祭。

六朝时重阳节俗形成，糕类成为节令食品。隋书载童谣曰,"七月刘禾伤早,九月吃糕正好。"唐代称麻葛糕,宋时已习称"重阳糕"。到了宋代,根据吴自牧《梦梁录》记载,在重阳节吃糕已十分讲究,"此日都人店肆,以糖面蒸糕,上以猪羊肉鸭子为丝簪订,插小彩旗,名曰重阳糕。禁中合分及贵家相为馈送"。宋代周密撰《乾淳岁时记》还记载一种特殊的重阳节日食品,"以苏子微渍梅卤,杂和蔗霜、梨、橙、玉榴小棵,名曰'春兰秋菊'。"可见当时食品之精细。到了明清时代登高所吃的糕,用麦面作饼,点缀枣栗,称之为花糕。明清人们吃花糕也颇有讲究,依据明人谢肇淛《五杂俎》所记:在重阳日清晨,把花糕切成薄片,放在未成年子女的额上,祝福道:"愿儿百事俱高"。这充分表现出古人望子成龙的美好心愿。

明清之后,重阳花糕成为都市、乡村的应节食品。直到民国时期的1936年《山阴县志》记重阳节俗有:重阳登高,蒸米为五色糕,剪彩旗供小儿娱戏。花糕主要有"糙花糕""细花糕"和"金钱花糕"。糕在汉语中谐音"高",糕是生长、向上、进步、高升的象征。糕不仅谐音"高",而且重阳糕上的诸种饰物也都有着各自的寓意。如糕上置小鹿,称为食禄糕。糕上的枣、栗、狮子之类饰品,都是中国传统的祈子象征物,它们明白地表示着人们在秋收时节祈求子嗣的愿望。重阳还是出嫁的女儿回家的日子,接出嫁女儿回家吃重阳糕,是重阳的另一节俗,俗谚有"九月九,搬回闺女息息手"。所以重阳如端午一样,被称为"女儿节"。

射箭游艺。从南北朝一直到唐代,在重阳节当天,帝王官僚们除了登高作诗、举行宴会欢乐外,还有射箭、纵马、围猎等游艺活动。像陈后主就是沉迷于声色之外,还喜爱走马射箭,亡国时还要再猎一圈。到了唐代,重阳射箭围猎活动依然盛行。《启颜录》还记载唐宋国公萧瑀不会射箭,大书法家欧阳询当面作诗嘲笑的情形:"疾风吹缓箭,弱手驭强弓。欲高反复下,应西还更东。十回俱着地,两手并擎空。借问谁为此,乃应是宋公。"唐代帝王在重阳节登高游宴,又要赏菊赋诗,还想要射箭游猎,很显然一天的时间是不够用的。于是,重阳节就提前到九月八日开始,或推后至十日仍过重阳。所以,唐代重阳不是一天，而是两天或是三天。因此，如李白《九月十日即事》诗："昨日登高罢，今朝再举觞。菊花何太苦，遭此两重阳。"

放风筝与重阳游乐。人们在重阳节放飞风筝。在中国南方，"九月九，风吹满天啸"，就是形容重阳以后，风筝满天飞的情形。风筝起源于中国，最早的风筝是由古代哲学家墨翟制造的。据《韩非子·外储说》载：墨翟居鲁山（今山东青州一带），"斫木为鹞，三年而成，飞一日而败。"是说墨子研究了三年，终于用木头制成了一只木鸟，但只飞了一天就坏了。墨子制造的这只"木鹞"就是中国最早的风筝。中国风筝问世后，很快被用于传递信息、飞跃险阻等军事需要。唐宋时期，由于造纸业的发展与进步，风筝改由纸糊，很快传入民间，成为人们娱乐的玩具。明清之后，风筝的制作更为精巧，种类也大为增多。除了放风筝之外，重阳节游乐也是古代中国人开展骑射活动的大好时机。南北朝时，朝廷规定，每年重阳，人们必须骑马射箭，并将它列入武举应试科目。唐朝，朝廷允许五品以上官员在重阳时齐集于玄武门，练习骑射。至于民间喜好的放风筝活动，更是有放去灾邪、除去晦气的心理寄托。在江南等地还有在重阳节悬五色旗的习俗，旗纸为宣纸或连史纸，形状为正方形、三角形、长方形不等，旗的边缘镶有纸质流苏，旗上所绘内容多为古代传说故事，如"八仙过海""三国故事""精忠岳传"或"二十四孝"等，大街小巷一片旗海，令人眼花缭乱，目不暇接。参观者，人如潮涌，像元宵观灯一样热闹。

重阳敬老。重阳节又是一个敬老节。九为阳数之极，"九九"亦含长久、长寿之意，重阳菊花则是长寿之草，重阳时节正值民间秋祭荐祖，故重阳节便有了尊老敬老之意。这一天，老人们登高、赏菊、饮菊花酒、戴茱萸佩、吃重阳糕，享受秋高气爽、菊花飘香的节日欢乐。

重阳时节，五谷飘香，正是收获的季节。"九九"与"久久"同音，含有生命长久、健康长寿的意思。九九重阳是双九重叠、日月并阳，人们认为这个日子很特殊，是一个特别值得庆贺的日子，应该特别对待。用它来象征年高德劭、年德并应的老年人最为贴切恰当。中华民族是礼仪之邦，素有尊老敬老、事亲敬上的优良传统。唐代诗人孟郊的《游子吟》是一首赞美母爱的诗，拨动了天下儿女报答慈母养育之恩的心弦："慈母手中线，游子身上衣。临行密密缝，意恐迟迟归。谁言寸草心，报得三春晖。"从这个意义上说，把重阳节定为老人节不单纯是"敬老孝亲"，而是在解决反对年龄歧视，融合代际关系，减少家庭矛盾，促进社会和谐稳定的社会问题。定重阳节为老人节是对尊老敬老社会习尚的引导和提倡，是对中华民族事亲敬上传统美德的弘扬，是构建社会主义和谐社会的善举。

(捌) 亚岁消寒

冬至

冬至是中国的二十四节气之一，而且还是二十四节气中出现最早的。大概在夏商周的商末周初，据古籍记载，二十四节气中的八个节气已经出现了，分别是立春，春分，立夏，夏至，立秋，秋分，立冬，冬至。冬至是按天文划分的节气，古称"日短""日短至"。冬至这天，太阳位于黄经270度，阳光几乎直射南回归线，是北半球一年中白昼最短的一天，相应的，南半球在冬至日时白昼全年最长。因为这一天白昼最短，故称日短。清人刘孚翊曾经写过一首冬至诗："历历经过事，昏昏醉梦中。江湖愁日短，天地泣途穷。佳节因人过，伤心有尔同。平生忧患意，何处问苍穹"（《至日示舍弟》），此诗写得百感交集，年复一年过，日短既指冬至，又包含对年岁流逝的慨叹。

冬至和其他二十四节气都不一样。在古代，它不仅是节气，还是一个重要的节日。《月令七十二候集解》言："冬至，十一月中。终藏之气，至此而极也。"冬至是我国重要的岁时节日，古代民间有"冬至大如年"之说。

冬至也称"冬节"，天文学家将圆天分为360度，作为一年时间的分配，自春分起，将春分、夏至、秋分、冬至各放在九十度的位置上，所以，就阳历而论，每年的冬至大约在12月22日或23日。冬至的"至"是极之意，"冬至"是说寒冷阴森的天气达到了极点，阳气初萌，而冬去春回的日子即将开始。冬至这天，白昼时间最短，而夜晚时间最长，过了这天，白昼便会逐渐增长。"冬至阳生"，吉祥如意，民间在这天要对父母尊长拜节，它还是许多契约签订和履行的日子。

冬至节作为节日由来已久。相传周代以十一月为

"正",冬至前一天为岁终。秦朝沿袭了周代的习俗,以冬至为一年的开始。汉朝称冬至为"冬节""日至"。宋朝以后,官场要举行贺节的仪式,并且放假休息,民间更是热烈庆祝。历代帝王为禳灾祈福,预祈来年风调雨顺、国泰民安,在冬至时必须举行祭天大典的仪式。

民间历来也很重视冬节。外出谋生的人,千方百计要在冬节之前赶回家与家人团聚,表示年终有归宿。闽台有俗谚云:"冬至大过年,唔('不'之意)返无祖宗"。用一句文学家说过的话:"冬天来了,春天还会远吗?"冬节是春节的前奏和序幕。

冬至作为传统节日的渊源

从"祭天"到祭祖。在古代冬至是很大的节日,有冬至大过年的说法。之所以这么隆重,主要是因为冬至这一天,白昼的时间一天比一天长,阳气开始越来越强,代表一个新循环的开始。先秦时代,冬至是祭天的日子。对天与地的崇拜是全民族最庄重、最神圣的信仰,祭天是冬至日最重要、最隆重的风俗。对天的祭拜,从天子至庶民都要按照一定的程序来展开,当然以皇家的祭拜最为隆重。古代帝王亲自参加的最重要的祭祀有三项:天地、社稷、宗庙。古时候,皇帝都自诩自己是"天的儿子"与传人,祭祀天神就作为一种重要仪式举行,这也是君主为了维护自己的统治而进行的活动。因此历代王朝都举行隆重的祭天大典，把它列为国家的宗教祭祀活动之一。祭祀活动场面宏大，一般是在郊外举行，因此又被称为"郊祀"。明清两代在历代祭祀的基础上，将祭祀的活动更加神圣化，于冬至这天在北京南郊天坛祭天。祭天活动十分隆重，因此天坛的规模宏大，各方面非常讲究。皇帝于每年冬至祭天，登基也例须祭告天地，表示"受命于天"。祭天起源很早，《周礼·大司乐》云："冬至日祀天于地上之圜丘"。

祭天仪式中，最盛大的要算冬至祭天了。每年冬至日，皇帝都要来圜丘坛举行告祀礼，禀告上天五谷业已丰登，主祭昊天上帝，配祭皇帝列祖列宗及日、月、云、雨、风、雷诸神，这就是祭天大礼。我国现存的最大的祭天坛庙为始建于明永乐十八年的北京天坛。皇帝祭天仪式极其盛大，按照典制规定，皇帝需在祭天的前三日来斋宫斋戒，祭天大典从冬至日的拂晓正式开始，据说冬至这天夜里阳气开始逐渐增强，而阳气能使万物滋生繁衍。祭天大礼分为迎神、奠玉帛、进俎、献礼等九道程序,在孟冬寒夜初晓、星光微曦的时刻,天子于圜丘之上仰望茫茫宇宙,实现与天的对话。

天子祭天,那么在民间,出于对天的敬畏和信仰,在冬至日也有各种对天的祭祀仪式。冬至时还有一种"迎日"的风俗,当属于一种特殊的祭天方式。《易通卦验》曰:"冬至之日,见云送迎从下向来,岁大美,人民知不疾疫,无云送迎,德薄岁恶,故其云赤者,旱黑者,水白者为兵。黄者,有土功诸,从日气送迎其效也。"又曰:"冬至之日,立八神树,八尺表,日中视其晷如度者,则岁美人和,晷进则水,晷退则旱。进一尺则日食,退一尺则月食。"又曰:"冬至之始,人主与群臣左右纵乐五日,天下之众,亦家家纵乐五日,为迎日至之礼。"出于对天的敬畏和崇拜,民间百姓在冬至时还有一种不算正规的"迎日"风俗,也可算是一种特殊的非正规祀天方式。迎日活动中需要的物件是一种叫做日晷的东西,其实就是一个简易的日影仪。人们常常通过观察日影来预测来岁的丰饶与否。

冬至过节源于汉代,盛于唐宋,相沿至今。人们认为冬至是阴阳二气的自然转化，是上天赐予的福气，汉朝以冬至为"冬节"，官府要举行祝贺仪式称为"贺冬"，例行放假。《后汉书》中有这样的记载："冬至前后，君子安身静体，百官绝事，不听政，择吉辰而后省事。"所以这天朝庭上下要放假休息，军队待命，边塞闭关，商旅停业，亲朋各以美食相赠，相互拜访，欢乐地过一个"安身静体"的节日。

普通的贩夫走卒除了祭天之外，更多的则是感怀祖先之德，将冬至节视为祭祀祖先的日子。因为古代是以冬至为岁首的，岁首就是过新年。那个时候的人们把冬至当做一年的开始，只有到了汉武帝时期，采用新的历法夏历之后，过年和冬至节才真正分开。虽然分开了，但是不代表冬至节不重要。它的一些风俗直接影响到"冬至大如年"的习俗。

"冬至大如年"与"亚岁"。"冬至大如年"，东汉蔡邕《独断》："冬至，阳气起，君道长，故贺。"用来说明"古人重冬至"，"对阳起行贺礼"，这自然是对的，但贺节并不能作为"大如年"的解释。周朝人的贺冬至是贺年，后世的贺冬至则是贺节，"冬至大如年"是夏商周三代之周俗的遗留。

这里要说说我国历法的创始情况了。夏朝所订之历被后世称为夏历。商朝以夏历的十二月为正月，周朝以夏历的十一月为正月，秦以夏历的十月为正月，至汉武帝时复行夏历，此后一直用到清末。历史上我国所有的历法多至几十种，按照天文学家的意见，这几十种历法可以分为夏历、商历、周历、秦历四大类，而以夏历所行年代最久长，我们今天习惯上称作农历的就属于夏历。周代的岁始既为夏历十一月，冬至便在岁首；周历废弃之后，冬至还是被称为"亚岁"。三国时期的曹植写过《冬至献履袜颂表》的贺诗："伏见旧仪，国家冬至……亚岁迎祥，履长纳庆。"宋人陆游《老学庵笔记》说，唐代还把冬至前一夕称为除夜，可见犹存周历的影响。陆游特地记下此事，是因为宋时已经少有人沿袭这种说法了。宋陈元靓《岁时广记》引《岁时杂记》："冬至既号亚岁，俗人遂以冬至前之夜为冬除。"虽在"除"之前添上"冬"字，但亚岁之称还是存在，直到清代屈大均《广东新语》还有

"冬至曰亚岁"的记载。近人胡朴安《中华全国风俗志·浙江临安》："冬至俗名亚岁，人家互相庆贺，一似新年。吴中最盛，故有'肥冬瘦年'之说。"

既然把冬至节称为"亚岁"，那么它的礼仪就不同于一般的民间节日仪式了。宋代吴曾《能改斋漫录》说，"今世州郡，冬、年二节"所用贺状有相同的通式；清代继昌《行素斋杂记》说，"督抚藩臬提镇等遇元旦冬至呈递贺折"定例亦同。足证贺冬至与贺年（夏历元旦）朝廷礼仪不异。将冬至礼仪与正旦（即大年初一）的礼仪相提并论，足见人们对冬至节的重视。

清代富察敦崇在《燕京岁时记》里说："冬至郊天令节，百官呈递贺表。民间不为节，唯食馄饨而已。"后一句所记乃晚清京师冬至日民俗，而江南则仍与正旦相比并。清代顾禄《清嘉录》记载吴中风俗，"徐崧、张大纯《百城烟水》及《江（吴江）震（震泽）志》亦皆云：冬至驰贺，一如元日之仪。"到尊长处拜贺冬至，谓之"拜冬"，仪礼与拜年并无两致。顾禄又特地说到江南人过冬至节的情形："（吴）郡人最重冬至节。先日，亲朋各以

八 亚岁消寒 冬至

食物相馈遗，提筐担盒，充斥道路，俗呼'冬至盘'。节前一夕，俗呼'冬至夜'，是夜，人家更速（邀客）燕（宴）饮，谓之'节酒'……家无大小，必市（购买）食物以享先（祀祖），间有悬挂祖先遗容者。诸凡仪文，加于常节，故有'冬至大如年'之谚。"甚至有冬至花费多了，过年只得节省者，就像周遵道《豹隐纪谈》所说："吴门风俗，多重至（冬至）节，谓曰'肥冬瘦年'。"蔡云《吴俞欠》："冬肥年瘦生分别，尚袭姬家建子春。"姬家指周武王姬发，周历以夏历十一月为正月，历法称为"建子"，此句谓清代江南重冬至，尚沿周历新正之遗意。原来，古人是将"亚岁"的冬至看得很重的。

庆贺冬至感怀师长的礼俗。冬至这天是学生向老师表达敬意的日子。据说，每到冬至，小学学生穿上新衣，携酒脯，各赴业拜师。冬至节，直到民国还是保留着感怀师长的习俗，各个学校由学董牵头，宴请教书先生。先生要带领学生拜孔子牌位，然后由学董带领学生拜先生。山西民间有"冬至节教书的"的谚语，说的就是这种尊师风俗。至今民间仍有冬至节请教师吃饭的习俗。

尊师传统，冬至祭孔和拜师就是一种集中表现。所谓"拜圣寿"，"圣"指圣人孔子，就是给孔圣人拜寿。因为"冬至"曾是"年"，过了冬至日就长一岁，为之"增寿"，所以需要拜贺，举行祭孔典礼。古时始入学，行"释菜"礼。春秋二次祭孔则用"释奠"礼。"释菜"礼比"释奠"礼轻。为什么冬至祭孔较"春秋二祭"礼轻呢？因冬至祭孔是沿用的年礼，过年是要放学，开学学生入学，祭圣人只是例行公事，不是专门举行的典礼仪式。有的地方学生家长也与子弟一起参加拜师和宴会活动。冬至日又是对教师定聘约和解雇的日子。晋西北习惯用炖羊肉招待教师，其情盛浓。古俗还有以鞋袜献给尊长庆贺冬至的习俗，因为这天日影最长，向尊长赠鞋袜的习俗，表示足履最长之日影，祝祷长寿。这是一种尊重长辈、感怀生命的美好习俗。

冬至祭祖。冬至早，一家人带着汤圆、水果、香烛、纸钱等上山祭扫祖墓。因为冬至节是一年中最后的一个扫墓节，所以扫墓的人家反比清明和重阳两节的为多，寓慎终追远之意。

冬至节传说与食俗

"冬至馄饨夏至面"。过去老北京有"冬至馄饨夏至面"的说法。相传汉朝时,北方匈奴经常骚扰边疆,百姓不得安宁。当时匈奴部落中有浑氏和屯氏两个首领,十分凶残。百姓对其恨之入骨,于是用肉馅包成角儿,取"浑"与"屯"之音,呼作"馄饨"。恨以食之,并求平息战乱,能过上太平日子。因最初制成馄饨是在冬至这一天,在冬至这天家家户户吃馄饨。其实馄饨乃是饺子的前身,所以冬至吃馄饨的食俗,是南北一样的。北齐颜之推《颜氏家训》:"今之馄饨,形如偃月,天下通食也。"

冬至吃狗肉。冬至吃狗肉的习俗也是从汉代开始的。相传,汉高祖刘邦在冬至这一天吃了樊哙煮的狗肉,觉得味道特别鲜美,赞不绝口。从此在民间形成了冬至吃狗肉的习俗。现在的人们纷纷在冬至这一天,吃狗肉、羊肉以及各种滋补食品,以求来年有一个好兆头。

吃赤豆糯米饭。在江南水乡,有冬至之夜全家欢聚一堂共吃赤豆糯米饭的习俗。相传,有一位叫共工氏的人,他的儿子不成才,作恶多端,死于冬至这一天,死后变成疫鬼,继续残害百姓。但是,这个疫鬼最怕赤豆,于是,人们就在冬至这一天煮吃赤豆饭,用以驱避疫鬼,防灾祛病。

冬至别称。也叫**长至节**。这是以自然现象为基础的别称。自夏至以后白昼渐短,到冬至达到极点,其后白昼渐长,因此冬至别称"长至",意谓白昼之长将(已)至。白居易《冬至宿杨梅馆》诗云:"十一月中长至夜,三千里外远行人。"若将冬至视作节日,相应地也就有了"长至节"的别称。"冬至日,为'长至节'。小学学生衣新衣,携酒脯,各赴业师拜。"**短至节**。这也同样是以自然现象为依托的别称，只是解释的角度不同。长至的解释着眼于"将来"，短至则相反，从"现在时"的角度解释冬至。冬至日至短，达到短之至，故称"短至"。着眼于"现在时"的角度考虑，称长至的该是夏至，而非冬至。**肥冬**。这是从习俗的角度认识冬至的。冬至早于年节，饮食丰饶，并且有酒、肉馈送亲友的习俗，故称。"冬至，拜节，或以羊、酒相馈遗，谓之'肥冬'"。**喜冬**。与肥冬的着眼点及用意相同。冬至节亲友相贺、喜气洋洋，故称。"冬至，谓之'喜冬'。官率合属，前一日司仪，五鼓望阙拜贺，绅士家行拜贺礼。民间止以面饺祀天，遍奉家长。"**履长节**。从习俗角度的解说谓冬至一阳生，白昼从此渐长，妇女在这天献履袜给舅姑，以示女红开始。"冬至为履长节，他处以是日祀祖先，惠俗不行此祀。"在民间，还有大量民谚与谚语的流传，这些俗谚比较全面地反映了冬至节俗的大众心理和社会生活基础。

九九消寒图。中国人的数九习俗起源于何时，现在还没有确切的资料。不过，南北朝时梁代宗懔《荆楚岁时记》写道："俗用冬至日数及九九八十一日，为寒尽。"数九寒天，就是从冬至逢壬日算起，每九天算一"九"，一直数到"九九"八十一天，"九尽桃花开"，天气就暖和了。民间有"九九歌"的产生和流传，到了明代，在士绅阶层发展的同时，又有了"画九""写九"的习俗，使数九所反映的暖长寒消的情况形象化。它不仅是一项科学记录天气变化的时间活动，也是一项有趣的"熬冬"智力游戏。不管是画的还是写的，统称作"九九消寒图"。"九九消寒图"有不同的形式，画九就是从冬至这天起，画一枝素梅，枝上画梅花九朵，每朵梅花九个花瓣，共八十一瓣，代表"数九天"的八十一天，每朵花代表一个"九"，每瓣代表一天，每过一天就用颜色染上一瓣，染完九瓣，就过了一个"九"，九朵染完，就出了"九"，九尽春深。也有不用颜色染而直接在花瓣上用文字和符号注明阴晴雨雪的，清代开始出现，首先是在宫廷内实行的"画字"消寒图，如常用的九个字是"庭前垂柳珍重待春风"（"风"字的繁体），连成一句话，表现出人们熬冬盼春的急切心情。这也是一种有闲阶层的冬日游戏。具体采用什么形式，往往根据主人的爱好和文化素质而定。民间还留有九九消寒图民谚："下点天阴上点晴，左风右雾雪中心。图中点得墨黑黑，门外已是草茵茵。"

冬至圆与冬至团。我国南北各地的冬至风俗在食俗上不尽相同，吃汤圆也是冬至的传统习俗，在江南尤为盛行。"汤圆"是冬至必备的食品，是一种用糯米粉制成的圆形甜品，"圆"意味着"团圆""圆满"，冬至吃汤圆又叫"冬至团"。民间有"吃了汤圆大一岁"之说。冬至团可以用来祭祖，也可用于互赠亲朋。旧时上海人最讲究吃汤团。古人有诗云："家家捣米做汤圆，知是明朝冬至天。"冬至吃汤圆，象征家庭和谐、吉祥。在粤地潮汕地区则在冬至节那天吃一碗"冬节丸"，潮汕有"冬节丸，一食就过年"的民谚，俗称"添岁"，表示年虽还没有过，但大家已加了一岁。昔时潮汕城乡在冬至日还有以甜糯米丸拜"司令公"，备三牲祭祖和扫墓的习俗，冬至扫墓叫"过冬纸"。人去世未满三年，后代扫墓应在清明节"过春纸"，以后才"过冬纸"。冬至扫墓，因为冬天少雨，阳光充足，在山野举行祭祖较为方便，也借此郊游，起娱乐身心作用。

冬至饺子。谚云："十月一，冬至到，家家户户吃水饺。"每年冬至，不论贫富，都要煮上一锅白花花的水饺，然后，大人小孩都要吃上一碗热腾腾的水饺。甚至还有民谣唱道"冬至不端饺子碗，冻掉耳朵没人管"。过年吃饺子，是说新旧之交，"交子之时"，而这冬至吃饺子，则另有说法。据说是因纪念"医圣"张仲景冬至舍药留下的。张仲景是南阳稂东人，他著《伤寒杂病论》，集医家之大成，被历代医者奉为经典。张仲景有名言："进则救世，退则救民；不能为良相，亦当为良医。"东汉时他曾任长沙太守，访病施药，大堂行医。后毅然辞官回乡，为乡邻治病。其返乡之时，正是冬季。他看到白河两岸乡亲面黄肌瘦，饥寒交迫，不少人的耳朵都冻烂了，便让其弟子在南阳东关搭起医棚，支起大锅，在冬至那天舍"祛寒娇耳汤"医治冻疮。他把羊肉、辣椒和一些驱寒药材放在锅里熬煮，然后将羊肉、药物捞出来切碎，用面包成耳朵样的"娇耳"，煮熟后，分给来求药的人每人两只"娇耳",一大碗肉汤。人们吃了"娇耳",喝了"祛寒汤",浑身暖和,两耳发热,冻伤的耳朵都治好了。后人学着"娇耳"的样子,包成食物,也叫"饺子"或"扁食"。

冬至夜围炉而食。冬至是中国农历中一个非常重要的节气,在上海人心里也是个十分重要的传统民俗节日。冬至日的前一天,又叫做"小至",家家户户捣米做汤圆,以作为冬至日团圆围桌食用。过了冬至,就将迎接新年。清代上海人秦荣光《上海县竹枝词》说:"冬至花糕更粉圆,分冬酒吃闹年年。衣冠拜贺亲朋后,肉块堆盘夜祀先。"在民间,既有"冬至大如年"的俗谚,又有"如年"的遗俗。南宋周密《武林旧事》述临安(杭州)此日盛事:"车马皆华整鲜好,五鼓已填拥杂沓于九街;妇人小儿服饰华炫,往来如云,岳祠城隍诸庙,炷香者尤盛。三日之内,店肆皆息市,垂帘饮博,谓之做节。"街市有着过年光景,亲友间相互拜冬,家庭里幼辈贺尊长,类似拜年。清徐士鋐《吴中竹枝词》有云"毕竟勾吴风俗美,家家幼小拜尊前",以此歌咏"相传冬至大如年"的节景。不仅吴中如此,还有他处亦然,广东尤其可称"大如年"。清屈大均《广东新语》:"冬至曰亚岁,食鲙,为家宴团冬","冬至围炉而食,曰打边炉"。这简直就是过年景象,比吴地的"团冬"要认真得多了。冬至是严冬季节,人们以食取暖,以食治病,经过数千年发展,逐渐形成了独特的节令美食传统,诸如馄饨、饺子、汤圆、赤豆粥、狗肉、羊肉等都作为冬至节令食品。而伴随着冬至食俗,还有很多民间传说。

冬至的文化解读

延续冬至的文化传统。冬至节是阴极之至,一阳始生。它具有两大特点:

第一,不像大多数西方节日那样多来自单纯的人文纪念,而大都可关联到天象历法与岁时节令。在华夏先民眼中,节日的意义首先是一种顺应天时的活动总动员。比如我们禋祀天地是要告诉神主:您的神示我们接到了,就要执行。随着祭义在华夏生活中的悄悄异化,天神祭逐渐让位于人鬼祭,节日人文气息才逐渐占了上风,节日变得热闹有趣起来。

第二,冬至节的流转,它的人文气息,可以说,是传统节日中最典型的岁时节日，它在深谙阴阳之道的先人眼中是二气消长的临界点，是推定历法、音律和度量衡的标准点，所以历来被统治者赋予权威的意义。结果到今天，冬至不像很多其他传统节日那么精彩纷呈，在漫长的岁月传承中，它没有被掺入太多斑驳庞杂的人文典故，没有太多妙趣横生的故事传说，更多保留着这个节日原初状态的单纯节令意义。不过，正是在这种近乎淡薄的纯净中，我们反而更容易接近到那节日源头处的深意。冬至过后，新年就在眼前了。民间又以冬至日到来之先后，及当天天气的好坏，推测往后的天气。俗语说："干净冬至邋遢年，邋遢冬至干净年。"意思是说，如果冬至那天是晴天，那么那年的春节期间就是下雨天，如果冬至那天下雨，春节期间就是晴天。

第三，岁首之日，冬至如年。虽然新的历法中的冬至早已和岁首新年分开，但"冬至"仍作为重要的节气。《晋书》记载，除了天子祀天于圜丘，还有"魏晋冬至日，受万国及百僚称贺，因小会，其仪亚于岁朝。"在那个时候，冬至日在人民心中的分量应该是相当重的。《梁书》和《南史》中都提到一个颇有意思的故事：冬至的时候，一个叫做岐的县官将一个死囚放回家过节，并严肃地告诉他："某若负信，县令当坐。"这位大人的苦心没有被辜负，那位讲信义的死囚最后"竟如期而反"。

唐宋是中国节日文化的大发展时期，"冬至"依然与"岁首"并重。据孟元老《东京梦华录》载："十一月冬至，京师最重此节，虽至贫者，一年之间，积累假借，至此日更易新衣、备办饮食，享祀先祖……一如年节。"特别是还放假七天以庆贺。按古代的休假制度，一般是十天休沐一次，放假的频度没有我们今天高，但可以在冬至放假七天，可见其受重视的程度，就算不比正旦，也相当我们今天的五一、十一黄金周了。

明清时代，冬至袭古俗，有"肥冬瘦年"之说，冬至日祭祠堂之风大盛。刘侗、于奕正合撰的《帝京景物略》有"百官贺冬毕，吉服三日，具红笺互拜，朱衣交于衢，一如元旦"的记载，潘荣陛《帝京岁时纪胜》也有"长至……为国大典……预日为冬夜，祀祖羹饭之外，以细肉馅包角儿（馄饨）奉献，谚所谓'冬至馄饨夏至面'之遗意也。"鉴于历史沿革和民众"冬至大如年"的心理影响，辛亥革命后为顺应民心，曾一度在冬至日设定"冬节"。

纵观冬至节的流转，会发现一个很有意思的现象：本来，在漫漫的岁月流转中，岁时节日但凡失去原有的作用后，大多走向式微、消失的命运，比如寒食节、上巳节。而周代的岁首冬至节，早在汉代就已经明确与元旦分离，为何这份"冬节大如年"的情愫却蔓延至今呢？古代漫长严冬的寒冷已经够折磨人了，但人们还是望眼欲穿地盼着光明和温暖。"冬至一阳生"，就是这种期盼中的一份感动。阳气能使万物滋生繁衍，冬至日的阳气始生，这一天的到来，带给了大家继续熬冬的希望。更何况，还作为正式年节的演习和序幕。于是，后来人们还给冬至日起了一些喜气的名字，如"亚岁"、"如正"（新正）、"履长节"等。有时候冬至前夜也被隆重对待起来，称为"冬至夜"。有些地方有冬至夜里家家例宴饮、并享祖先，还有吃汤圆、食印糕等风俗。

随着时代的变革，在诸多因素下，冬至节习俗同大多数传统佳节一样迅速地萎缩、变异和淡化了。在大多数人心中，对冬至里日头状况的关心还不及一盘饺子，似乎在大多数人心里都有着这样的公式：冬至＝饺子。至于那些有趣的"土炭""葭灰""履长""消寒""干净冬至邋遢年""晴到冬至落到年"……又有几人还记得呢？

今天，我们完全可以转换"祭天"的文化习俗，欣赏、感受华夏民族祭天文化的博大和久远，组织民众进行小范围的观察日影的移动，感受天节的变化，吟诵或现场赋作冬至的诗词、文章，并可做风调雨顺、家和康泰等美好的祈福。当然，还可以在冬至节祭拜祖先或扫墓，冬至日设几案，备酒水果品，放置节日食品为供（例如采用冬至饺、冬至团等），焚香祭酒，祭拜祖先及逝去的亲人。

同时，让冬至节成为促进人际融和的温暖节日，节日时向亲朋好友赠送节日食品，分享节日快乐。拜访师长，表达对教师的敬意；向老人们敬献鞋袜，赠送节日食品等，表达尊老祝福之意，也可以向孩童赠送鞋袜以祝福成长。

（玖）逐疫驱傩

腊八

中国人历来将农历十二月称为"腊月",十二月初八日,是中国人传统的"腊八节"。现在的人,每到腊八节,马上想到那碗热气腾腾的"腊八粥",其实这是对这个节日的文化内涵不了解所致。唐代大诗人杜甫曾经有诗吟道:"腊日常年暖尚遥,今年腊日冻全消。侵陵雪色还萱草,漏泄春光有柳条。纵酒欲谋良夜醉,还家初散紫宸朝。口脂面药随恩泽,翠管银罂下九霄。"(《腊日》)这是唐至德二年(757年)腊月杜甫返回长安时所作的一首诗,前四句写景,后四句记事。明代研究杜甫的专家,同时也是一个诗文家、词曲家的张綖在注这首诗时写道:"大寒之后,必有阳春;大乱之后,必有至治。腊日而暖,此寒极而春,乱极将治之象,公(指杜甫)故喜而赋焉"。这里提到的"腊",在古代本是一种祭礼,称"大腊"。

"腊"的意义与腊八节渊源

说到"腊",使我们联想到当今方兴未艾的"创世神话"热。上古神话人物补天、填海、追日、奔月、射日、治水,体现出了一种尚德精神。从积极的视角来看,这是社会文明进程中文化重塑与选择的结果,是民族智慧的结晶,是中华民族传统文化最古老、最强壮的生命之根。上古神话是不是就止于上古时期了?实则不然。随着人类社会的进步和发展,创世神话也呈现出了新的演变。随着城市的出现,创世神话会以民俗等形态进入城市人的精神生活,成为城市精神的重要源头之一,"腊祭"就是一个证明。

应劭《风俗通义·祀典》中记载了汉人的这一观念，"或曰：腊者，接也，新故交接，故大祭以报功也"。腊之明日为初岁，腊是新旧时间转换的祭礼。晋人说：秦汉以来有贺，"初岁"是古之遗语。裴秀《大蜡》诗称"玄象改次，庶众更新"。腊祭的次日是新岁之始，"初岁"之说，正是古代年俗的遗留。自从以夏历正旦为岁首之后，腊日就成为与夏历一年之初协调配合的岁末节日，因此，腊与新年之间存在着一段时间距离。这样腊日在秦汉之时也就成为"初岁"或"小新岁"。传统中国的时间观中有着较强的更新意识，人们以流动的变化的观念对待时间的流转，新陈代谢，"腊"又意味着新时间的发生，它处于新旧交替的交接点上，因此尽力地逐除，是为了新春的到来。驱疫逐邪活动的本身就在为阳春的到来开辟道路，"岁终事毕，驱逐疫鬼，因以送陈、迎新、内（纳）吉也"（《论衡·解除》）。送旧迎新纳吉正是腊日庆祝盛大热烈的动力所在。古代劳动人民在劳作生活中，"辛劳又一年，历历事若蚕，抽心虽有念，丝丝尽也堪。"无非希望能够顺利地度过年关尾，期盼着新的一年的开始。腊日的祭祀作为古人的"岁终大祭",不仅仅是向神灵和祖先表达感恩、期盼来年的风调雨顺,更是装点了古人平淡而又乏味的严冬生活,让他们在寒冬中依然体会到火"腊"的幸福。

与农耕条件下的乡民生活进行的同时,城市的起源是个很复杂的问题。随着生产力的发展,财富有了多余,逐渐形成手工业和农业的分离,产生了直接以交换为目的的商品生产,出现了商人,进而逐渐出现了人口更为集聚的城市。但是,这个过程是很漫长的。一些通史类著作认为,公元前2500年至公元前2000年的龙山文化前后,就出现了城市的萌芽。

在这个漫长的发展过程中,城市的民俗和祭祀的方式也有了新的发展。说到论创世神话在城市的延伸,不得不提的就是与"腊祭"的联结。如今的人说到"腊八节",可能更多的联想就是喝腊八粥等风俗习惯。其实,在中国古代,腊祭,是一个祈求丰收和吉祥的节日。"腊"是远古的一种祭礼,人们在农闲时,举行庆贺活动,以农猎收获物献祭所有与农猎有关的神灵,报功祈福。古代"猎"字与"腊"字相通，故腊即猎祭，腊祭以祖先为对象，猎祭以百神为对象，此后两者逐渐合流。《礼记》说："伊耆氏始为蜡。蜡也者，索也，岁十二月，合聚万物而索飨之也。"《史记·补三皇本纪》也说："炎帝神农氏以其初为田事，故为蜡祭，以报天地。"

腊祭的名称也有一个沿革过程，据说夏代叫"嘉平"，商代叫"清祀"，周代叫"大蜡"，秦代复称"嘉平"，到汉代又改为"腊"。自三代以还，上起天子，下到小民，都把腊日当作年节来过，但究竟以哪一天为腊日，除了限定在冬季将近的时间范围内，并没有确定日期。直到南朝初年，腊日才固定在十二月初八这一天，因称十二月为腊月，此日为"腊八"。人们借此祭祀祖先和天地神灵，并祈求丰收和吉祥。

通常，腊日要祭祀古老的农田之神。他们分别是：先啬神神农、司啬神后稷、农神田官之神、畦神，当城市的萌芽出现后，还得祭祀开路划疆界之人、坊神、水庸神、水井神、猫虎神、昆虫神，等等。从中可以看出，创世神话对年节文化的直接影响。

一般认为，腊日祭祀中出现对水庸神的祭祀，表明城市信仰开始萌芽。水庸即水沟，就是城市出现后的护城河。没有城市也就没有水庸神，"庸者所以受水，亦以泄水"。后来，水庸神又进一步演变为城隍神。《说文解字》云："城，以盛民也"，"隍，城池也。有水曰池，无水曰隍"。"城隍"一词连用，首见于班固《两都赋·序》："京师修宫室，浚城隍。"由此可以说，祭祀水庸神开启了后世城市民间信仰的先河——城隍神奉祀。在此基础上，腊日祭祀的神灵对象还逐渐扩展至门神、户神、宅神、灶神、井神等。先秦时代的腊日风俗，相当丰富，借用《礼记》里子贡的一句话来形容，就是"一国之人皆若狂"。

自秦汉起，腊祭之狂欢式的庆典，渐为元旦迎新所继承，继续存在的腊日之主要礼俗和意义，就只剩下岁终祭神祀祖和辞别旧年，故东汉蔡邕《独断》释腊曰："但送不迎也。"但据《荆楚岁时记》载，南北朝时，民间尚有于腊八日鸣鼓起舞、扮金刚力士逐疫的风俗，并传谚语："腊鼓鸣，春草生。"因此又可以说，从这时起，腊八又包含了迎新的意义,在往后的岁时民俗实践中形成为过新年的前奏。这从一个侧面说明,随着社会文明程度的不断提高,创世神话并没有停止流播的脚步。后世护佑民众的城隍与古代创世英雄补天、填海、追日、奔月、射日、治水,一定意义上具有同样的"功德"。

"腊祭"与"敬佛"的文化融合

腊八节渊源于远古时代的腊祭。腊日在上古时代是最重要的年终祭祀日。在神灵信仰浓郁的古代社会，人们认为人类的生存来源于自然神灵的恩赐，因此在年度周期更替之际，要举行盛大的神灵祭祀仪式。以前在一年四季都有不同的季节神灵祭祀活动，而在年终要举行总结性的祭祀，总结性的大型祭祀就确定在腊日，也就是岁末的几天举行。

人们在腊日这天陈上祭品，祭祀上天与自然万物之神，同时也要祭祀祖先。腊日在上古相当于后来中国人的大年。腊祭也反映了城市信仰的萌芽，祭祀先祖、祭祀百神，甚至连"开路划疆界之人""坊神""水庸神""城隍"乃至猫狗、昆虫都成为祭祀对象，以祈求丰收、平安与吉祥。南北朝时，人们将腊月初八日固定为腊祭之日。唐宋时期，随着佛教的传入和影响的不断扩大，腊祭之日又被赋予了新的内容——因释迦牟尼的成道之日，正是中国农历的腊月初八，佛门弟子因将此日定为"成道节"。腊祭之礼是一年中隆重的神灵献祭仪式之一，它与春社一道构成年度祭祀周期。腊祭是祭祀周期的终点，也是重点，因为它有着催生新的时间的特殊意义。在上古三代，腊祭有着原始的宗教典礼的意味，《月令》中有"（孟冬）是月也，天子乃祈来年于天宗，大割牲祠于公社及门闾，腊先祖五祀，劳农休息之"。

东汉时期，佛教传入中国。南北朝以后，佛教犹盛。僧人四处传教化缘，传播着佛教文化，为了扩大在中国本土的影响力，就慢慢将佛祖成道日附会到中国传统文化中，称腊月初八为佛成道日。随着佛教的传播，腊日慢慢固定为腊月初八这一天了。我国自先秦时期以五谷杂粮祭祀农神，也逐渐演变为以五谷杂粮熬成粥以祀农神,"事神以事生"。相传,在古印度北部,即今天的尼泊尔南部,迦毗罗卫国有个净饭王,他有个儿子叫乔达摩·悉达多,为寻求人生真谛与生死解脱,毅然舍弃王位出家修行。于是,在他29岁那年,舍弃王族的豪华生活,出家修道,学练瑜伽,苦行6年,大约在公元前525年,一天,他在佛陀伽耶一株菩提树下,彻悟成道,并创立了佛教。史传,这一天正是中国的农历十二月初八日。

据传说,有一天释迦牟尼来到北印度的摩揭陀国,此地人烟稀少,一片荒凉。他又累又饿,酷热难熬,昏倒在地,幸好一位牧羊女从此地路过,用自己所带的杂粮加上野果,煮成乳糜样的稠粥喂他,才使他恢复了体力。获救后,释迦牟尼便找到一棵菩提树,在树荫下结草打坐,并发誓愿:"今若不证无上菩提道,宁可碎此身而终不起于座!"经过六天六夜的思考,释迦牟尼陆续证得了宿命通、天眼通、他心通等六种神通,而且逐渐领会到人生痛苦的原因以及灭除痛苦的方法等真谛,并得到对宇宙人生真实的感悟。但这也惹得魔王波旬极大地不安，先后用魔军威吓，派3个妖艳的女儿前去诱惑等手段去阻挠释迦牟尼成佛，但均不奏效。最终，释迦牟尼在第七天早晨，也就是腊月初八这天，看到初升的太阳时，终于大彻大悟，就此觉醒为圆满的佛陀。

为此每逢腊八各地佛寺都要举行浴佛会，效仿释迦牟尼成道前，牧女献乳糜的传说故事，用香谷、果实等煮粥供佛，并将此粥赠送给门徒及善男信女们享用。陆游诗曰："今朝佛粥更相馈，反觉江村节物新。"

实际上，佛教传入中国之后在很长时期内都受到官方的大力提倡，佛教活动日渐兴盛。于是，作为帝王祭祀的腊日便与佛教中的佛祖成道日逐渐合二为一，形成了兼有祭祀与敬佛意义的腊八节。

腊祭与"腊八节"的主要习俗

祭祀祖先与亲人团聚。腊祭的主要节俗就是祭祀祖先,从而形成后来春节祭祖的雏形。或者说,春节祭祖中就有古人"腊祭"的影子。古时,周人逢腊月便要围猎,以猎获的禽兽作"牺牲"祭祀祖宗,以求来年五谷丰登,平安吉祥。后来,因腊祭和岁首祭祀时间接近、首尾相连,所以秦汉时期把这两祭并称为"正腊",之后两祭又演变为包括年前和岁后、为期近一月的广义上的春节。祭祀先祖,团聚宗族,成为"腊日"的重要内容。《列女传》记述了一位寡母"腊日休家作",在自家的"岁祀礼事"结束后,又赶到娘家,因为娘家人"多幼稚，岁时礼不备"，她回家的目的是要帮助家人行祭祀祖先之礼。可见腊日祭祀是当时家庭普遍必需遵从的一项习俗。《艺文类聚》卷五记载："腊日，奴窃食祭其先人。"说的是穷人到了腊日，即使偷也要偷食品来祭祀他的先人。腊日是欢聚的节日，即使是在押的犯人也有被假释回家过节的，以显示政事的清明与宽大。

"腊祭"的祭品，先秦时代主要以田猎所得禽兽充祭，故有"猎祭"之说。秦汉之后随着家庭畜牧业的发展，腊祭祭品则主要为猪、羊等，亦即所谓"羊豕之祭"。周代是各种礼仪制度最为繁复的时代，早先的"羊豕之祭"是士人之礼，秦汉以后也为一般庶民所用，其中腊日用羊成为汉代腊祭的特色。在孔子看来，羊是告朔之礼所必需的祭品。汉代腊日用羊，则是一种习惯，源于古代社会的求吉心理。西汉民间"岁时伏腊，烹羊炰羔"。历史上，羊作为一种经济和财富的衡量物，是游牧民族颇为珍视的家畜。献祭羊是作为牲畜，通过供奉酬谢的形式去沟通神灵、告慰祖先，以图禳解灾祸、福佑生灵。

团聚庆祝与送寒驱疫。冬日天寒，数九更是凛凉，严冷的冬季里，古人在腊日团聚在一起庆祝，还有一个重要节俗就是送寒逐疫，度过漫漫长冬。腊日处在年度周期新旧更替的时段上，腊月，"是月也，日穷于次，月穷于纪，星回于天，数将几终，岁且更始"（《月令》）。"寒随一夜去，春逐五更来"（唐史青《应诏赋得除夜》）。因腊日与大火的关系，人们对火神及火神在人间的化身灶神自然产生崇拜，因此腊日祀灶也在情理之中。季夏、季冬祀灶的习俗在中国古代有着对应的关系，这与大火的季节出现有关。先秦"灶神，常祀在夏"，随着人们阴阳观念的变化，秦汉时期作为夏季"常祀"的祀灶祭仪逐渐集中到季冬时节的腊日。"寒退"是腊日的自然气候，腊日深层的意旨就是人与天应促成寒气的及时退隐，以利阳气的上升。因此东汉蔡邕在《月令章句》中说："日行北方一宿，北方大阴，恐为所抑，故命有司大傩，所以扶阳抑阴也。"

岁末驱傩与鼓舞人心。腊八节前一天或当天，民间有驱傩除疫的风俗。驱傩，就是腊祭中，驱逐疫鬼的意思。始载《后汉书·礼仪志中》:"季冬之月,星回岁终,阴阳以交,劳农大享腊。先腊一日,大傩,谓之逐疫。其仪:选中黄门子弟十岁以上,十二岁以下,百二十人为侲子。皆赤帻皂制,执大鼗。方相氏黄金四目,蒙熊皮,玄衣朱裳,执戈扬眉。十二兽有衣毛角。中黄门行之,冗从仆射将之,以逐恶鬼于禁中。"唐孟郊《弦歌行》:"驱傩击鼓吹长笛,瘦鬼染面惟齿白。"宋高承《事物纪原·岁时风俗·驱傩》:"《礼纬》曰:高阳有三子,生而亡去为疫鬼,二居江水中为疟,一居人宫室区隅中,善惊小儿,於是以正岁十二月命祀官持傩以索室中而驱疫鬼。《轩辕本纪》曰:东海渡塑山有神荼、郁垒之神,以御凶鬼,为民除害,因制驱傩之神。"20世纪60年代,北京三家村署名"马南邨"在北京的报纸上开辟专栏有《燕山夜话·守岁饮屠苏》一文,文中解释:"驱傩的意思是要驱逐疫疠之鬼,与我们现在说的送瘟神的意思相同。"

自先秦以来就有的岁末驱傩仪式在东汉仍旧隆重举行,并且以新的传说来说明岁末驱傩的必要。驱疫的法器有桃弧棘矢、土鼓等，"鼓且射之，以赤丸、五谷播洒之，以除疾殃"。驱傩的仪式一般在腊日前一夜举行，将房屋内的疫鬼驱除后，在门上画上神荼、郁垒二神像，并在门户上悬挂捉鬼的苇索，以保证家居的安全。汉朝另一则防卫巫术，是岁暮腊日在住宅四隅埋上圆石及七枚桃弧，这样"则无鬼疫"。

生活里有"鼓舞人心"一词，其实在古代，"鼓"是腊前驱傩与腊日庆祝中的特殊法器。在狩猎征战活动中，鼓都被广泛地应用。鼓作为乐器是从周代开始使用的。周代有八音，鼓是群音的首领，古文献所谓"鼓琴瑟"，就是琴瑟开弹之前，先有鼓声作为引导。鼓的文化内涵博大精深，雄壮的鼓声紧紧伴随着人类从远古的蛮荒一步步走向文明。在古代，鼓不仅用于祭祀、乐舞，还用于打击敌人、驱除猛兽，并且是报时、报警的工具。《周礼·春官》："国祭蜡，则吹豳颂，击土鼓，以息老物。"时值冬末，阴气已成暮气，暮气不除，有害人生，因此以震天的腊鼓，感动天地，鼓舞人心。在东北的夫余，以腊月祭天，"大会连日，饮食歌舞，名曰'迎鼓'。"

(《后汉书》卷八五)腊节因鼓乐的突出,径名为"迎鼓"。三韩同样重视腊日,据谢承《后汉书·东夷列传》记载,"三韩俗以腊日,家家祭祀,俗云:腊鼓鸣,春草生。"可见鼓在腊日逐除中除旧迎新的威力。

"腊八粥"的传说与故事

"腊八粥"渐成风俗。唐朝中叶的《百丈清规》卷二记道:"腊月八日,恭遇本师释迦如来大和尚成道之辰,率比丘众,严备香花灯烛茶果珍羞,以申供养。"那个时候,各地寺院腊月八日供佛已经蔚然成风,成为寺庙中的佛事活动之一。但"清规"中并未提及"腊八粥"供佛之事。

腊八食粥习俗的源起,一般多认为这是佛教文化的产物。其实,腊八粥蔚成民间风俗,时在宋代。有关"腊八粥",最早见于文字记载的是孟元老的《东京梦华录》:腊月初八日"诸大寺作浴佛会,并送七宝五味粥与门徒,谓之'腊八粥'。都人是日各家亦以果子杂料煮粥而食也。"宋人吴自牧《梦粱录》中便有"此月八日,寺院谓之腊八。大刹等寺俱设五味粥,名曰'腊八粥'"的记载。明清时代,腊八粥除供佛外,还用为祭户牖、祭园树、祭井灶之品。明刘若愚《明宫史》中就有这样的记载:"初八日,吃'腊八粥'。先期数日,将红枣捶破泡汤。至初八早,加粳米、白果、核桃仁、栗子、菱米煮粥,供佛圣前;户牖、园树、井灶之上,各分布之。举家皆吃;或亦互相馈送,夸精美也。"腊八粥不仅成为民间流行的食俗,甚至成为皇帝赏赐给朝中大臣的节令佳食。《燕京岁时记》引明孙国敉《燕都游览志》便说:"十二月八日,赐百官粥。民间亦作腊八粥,以果米杂成之,品多者为胜。"光绪《顺天府志》就说:"腊八粥,一名八宝粥。每岁腊月八日,雍和宫熬粥。定制,派大臣监视,盖供上膳焉。其粥用糯米杂果品和糖而熬。民间每家煮之,或相馈遗。"由于时俗所尚,腊八粥的制作也越来越讲究,清代学者唐晏《天咫偶闻》云:"都门风土,例于腊八日,人家杂煮豆米为粥。其果实如榛、栗、菱、芡之类，矜奇斗胜，有多至数十种。皆渍染朱碧色，糖霜亦如之。钉饳盘内，闺中人或以枣泥堆作寿星、八仙之类，交相馈遗。"对此，《武林旧事》《梦粱录》及《风土记》《天中记》等均有详细记录，而且多以"寺院及人家"煮粥馈赠并称，沿及明清不衰。关于腊八粥的制法，当属清人富察敦崇《燕京岁时记》最详，据称要用黄米、白米、江米、小米、菱角米、栗子、红江豆、去皮枣泥等合水煮熟，再用染红桃仁、杏仁、瓜子、花生、榛瓤、松子及糖等作点染。除供佛、敬祖、馈赠亲友外，由腊八粥衍生的习俗尚有用粥涂于墙壁门环等处，以禳不祥；或戏贴妇人背上，以祝生子；或遍抹花木果树，以驱虫害等。时至今日，腊八食粥的节俗仍在民间流行。

"秦长城修筑"说。传说秦修长城时，民工常年吃住在工地，但粮食要靠家人送。有的人因家遥远或贫穷，粮食不能及时送到，有一年腊八这天，民工们断了粮，大家翻搜粮袋，将收集的豆、米等各种粮食汇集到一起，熬了一锅粥吃了，但最终还是饿死了。为了悼念这些民工,人们每年到腊八就吃腊八粥。

"宝娃悔过"说。传说有一个叫宝娃的人懒惰贪玩,而且生活奢侈,不久把父母留下的家产糟蹋完了。这年腊月初八,别人都开始准备年货,而他家却粮仓见了底。望着满面泪水的媳妇腊花,宝娃羞愧难当。乡邻们闻讯东家一碗米,西家一碗豆,送来了各种粮、菜。腊花将乡亲们送来的粮菜合到一起,熬了一锅粥,解决了一时的困难。从此,宝娃不仅勤奋劳动,而且生活节俭,很快富裕起来。为了让宝娃永远记住这个教训,腊花每年腊八就熬腊八粥。人们为了用宝娃的故事教育子女,也在这天吃腊八粥,渐成风俗。

"张家败家子"说。有民间故事说,一张姓富翁老年得子,对其万分溺爱,老两口刚过世,这小子便大肆挥霍败家,很快成了穷光蛋一个。腊八那天,北风呼啸,小张饥寒交迫,把家里各处粮囤的囤底子扫了一遍,将扫出的各色粮豆煮了一锅粥,但粥未熬好,人已冻饿而亡。以后,人们便在腊八弄些杂粮杂豆熬粥吃,以此告诫后代,凡事不可奢糜,不然连粥也喝不上。

腊八节在中国传统节日中，说不上是"大节"，但是它所蕴涵的文化意义不可小觑。民间最常见的说法，过了腊八，开始过年。腊的意思富含辞旧迎新的意义。随着时代的变迁，腊八节也开始注入越来越多的现代精神。现代化的一个重要特征就是民间社会的发达。今天的腊八节往往已不再局限于在寺观内部舍粥聚会，而是走出寺观高墙，为社会弱势群体开展慈善服务。最初这个节日用于祭祀祖先和神灵、祈求丰收吉祥的含义渐渐淡去，那么留下的是这样一幅幅令人感动的场景：寒冬腊月一碗碗热气腾腾的腊八粥送到街头清洁工手上，社区工作者、志愿者乃至佛教文化工作者带着信众到敬老院为老人们赠送礼物……一碗粥虽然微不足道，体现的是既尊重传统文化又闪耀时代精神的光芒，忙碌疲惫的人们可以在节日食粥之余，借此感怀和体验传统文化历史的久远和内涵的丰富。

(附) **花朝染碧**

花朝

清代诗人蔡云曾经吟咏："百花生日是良辰，未到花朝一半春；红紫万千披锦绣，尚劳点缀贺花神。"花朝节是中国早春雅俗共赏的传统节日。农历二月，旧时有花朝节，亦称花神诞、百花生日。虽然这个节日名气不够大，但它的影响力却不容低估，古代花朝节的重要性并不亚于元宵节、中秋节。花朝节作为节俗，至迟在唐代形成，是古时中国最重要的节令之一。每年农历二月，百花初放之时，人们外出赏花游玩，祭拜花神，体现的是人们对自然万物的喜爱与崇敬。花朝节从晚唐至今，经历了兴起、繁盛、衰落甚至被人遗忘的起起落落的历史过程，又于当代复兴。它由游春赏花衍生出扑蝶、挑菜、祭神、卜丰、赏红、斗草、劝农、宴饮、赋文、求爱等多姿多彩的民俗活动，彰显着民族文化中的雅致、和谐、生活化等特质，与春节、中秋、端午等传统节庆有着明显的不同，具有独特的风格和价值。虽然由于近代社会的变迁，花朝节渐渐淡出人们的视线，仅在边陲民族与地区可见其踪迹，但历代记载花朝节盛况的文献却屡见不鲜。花朝节所具有的文化魅力和综合价值并未褪去。随着经济社会发展和人们精神文化、休闲娱乐需求不断提升，花朝节重新为人们所重视，在一些地区恢复举办并入选非物质文化遗产名录。

花朝节的起源

时序进入农历二月,百花成为春天的主角,是这个季节最引人注目的自然景观,桃红柳绿,色彩斑斓,春天总是与花儿连在一起,组成了大自然的良辰美景。花朝节,古代也称花神节,古人常将这个节日与中秋节并称,称"中秋节"为"月夕",后来渐渐形成"花朝"与"月夕"并用,形成"花朝月夕""花朝月夜"等成语。明人田汝成撰《熙朝乐事》记载:"花朝月夕,世俗恒言,二、八两月为春秋之半,故以二月半为花朝,八月半为月夕。"然而,时至今日,曾经在许多文人骚客笔下风情万种的花朝节,却逐渐淡出了人们的视野,这是非常令人遗憾的。

现在有一种观点称，花朝节起源于春秋时代，根据是《陶朱公书》的记载："二月十二为百花生日，无雨百花熟。"这个在网络上流传甚广，许多博客、微博文章都在重复这个说法。然而，这个说法是很成问题的。因为《陶朱公书》是不是春秋时期的著作，倘若不是，它的立论就没有意义了。据惠富平、牛文智两位学者考证，这本《陶朱公书》是《陶朱公致富奇书》的简称，它是明末记载农业生产的民间实用通书，类似坊间出售的皇历，而不是春秋时期的著作，明清时期"托名于古人"的风气很是盛行，所以这本书所记陶朱公范蠡所言，其真实性是相当可疑的。

还有一种花朝节起源于魏晋说，其根据是南宋陈元靓《事林广记》前集卷二《节序类·花朝》引晋周处《风土记》说"浙间风俗，言春序正中，百花竞放，乃游赏之时"，断定花朝节起自魏晋时代，这个说法也是站不住脚的。一是这个记载没有明确提到"花朝"一词，二是《节序类·花朝》引晋周处《风土记》这本书，并不是晋人的著述。据常建华《岁时节日里的中国》一书，他认为这本书是宋代人的作品。这样看来，花朝节起源于魏晋说，也是难以成立的。

"花朝"一词，在唐诗中出现的频度非常高，如白居易《琵琶行》有"春江花朝秋月夜，往往取酒还独倾"之句；司空图《早春》有"伤怀同客处，病眼却花朝"；《旧唐书·罗弘信传附罗威传》载："每花朝月夕，（威）与宾佐赋咏，甚有情致。"只有"花朝"立节之后，才出现以"花朝"省称"花朝节"的情况。因为没有直接的证据，所以，也很难断定"花朝节"起源的确切时间。其实，花朝节的形成，是经历了一个漫长的历史时期。根据现在我们读到的史料，这个节日经历了魏晋南北朝的酝酿准备和过渡，南朝的梁元帝萧绎的《春别应令诗》曰："花朝月夜动春心，谁忍相思不相见。"在南北朝时期的梁、陈直到隋代，做官的三朝元老江总在《侍宴玄武观诗》中云："诘晓三春暮，新雨百花朝。"可见，魏晋南北朝时代出现了"花朝"一词，南北朝的梁陈时代可能出现在宫廷中的"花朝"风习，并不意味着花朝节已经成型并在民间普及，习俗总是在大规模的民间普及后才会逐渐形成。

关于花朝节的起源，我赞同杭州学者马智慧的看法。他在《花朝节历史变迁与民俗研究——以江浙地区为中心的考察》（载《浙江学刊》2015年第3期）一文中提出了"因食命节说"，指唐代武则天制花糕分赐群臣食用；"因时命节说"，指各地花朝节时间并不相同，甚至相近地区也有不同的花朝节节期；"因神命节说"，指花神之说由来已久。只有综合以上三个要素，才能初步确定花朝节起源的时期。这些问题需要仔细地加以考辨。

我倾向于花朝节起源于晚唐时代，即武则天执政期间（690—705）。嗜花成癖的武则天每到二月花朝时，总要令宫女采集百花，和米一起捣碎，蒸制成花糕赏赐给群臣。宫中蒸制花糕具有示范效应，对推动民间过花朝节具有影响，而且可以蔚然成风。据明万历间通州彭大翼所著《山堂肆考》卷二记载"唐武则天花朝日游园，令宫女采百花和米捣碎蒸糕，以赐近臣"。这个记载虽然缺少直接的根据，作为节日起源也很难坐实，但据同一部《山堂肆考》卷一九四记载：唐时宫中开风气之先，人们把正月十五的元宵节、二月十五的花朝节、八月十五的中秋节这三个"月半"视为同等重要的岁时节日。唐代是花朝节的定型期，唐代大量诗文和典籍都有"花朝"的提及，上述司空图"伤怀同客处，病眼却花朝"、卢纶"虚空闻偈夜，清净雨花朝"等均有涉及，唐代还有唐太宗李世民亲自于御花园中主持过"挑菜御宴"的民间传说，可资佐证。

关于花朝节的具体日期，说法各异。有定在农历二月十五日，宋代花朝节一般在农历二月十二日，也有农历二月初二日，还有定在农历二月廿二日的。中国地域辽阔，南北方的自然条件各异，《广群芳谱·天时谱二》引《诚斋诗话》："东京（即今开封）二月十二日花朝，为扑蝶会。"《翰墨记》有："洛阳风俗，以二月二日为花朝节。士庶游玩，又为挑菜节。"杨万里说"唐二月十五为花朝"，而"东京以二月十二为花朝"。不过，南宋吴自牧介绍南宋都城临安风貌的《梦粱录》则依然因循旧习："仲春十五日为花朝节，浙间风俗，以为春序正中，百花争望之时，最堪游赏。"到清代，一般北方以二月十五为花朝，而南方则以二月十二，气候差异而已。《西湖游览志》则说："二月十五日为花朝，花朝月夕，世俗恒言"。综上所述，要因循唐宋主流，也是为了取月半吉日，这个花朝节还是定在农历二月十五日为妥。

花朝节与花神传说

《博异记》等古籍还为唐代花朝节的兴起提供了一个非常美丽的佐证,这个故事叫"崔元徽悬彩护花"。说的是唐天宝年间一个早春二月之夜,一个叫崔元徽的文士在园中品茗赏花,遇见花精的故事。故事有点志怪,说众花精瞬间变成美女,遇到麻烦求助于崔元徽,要崔元徽准备一些红色锦帛,画上日月星辰,在二月廿一日五更悬挂在园中的花枝上。崔元徽不知所云但还是依言行事了,届时果然狂风大作,可是枝上的花卉有了彩帛,没被吹落。当夜,众花精又变成一群丽人来花园里向崔元徽致谢,还各用衣袖兜了些花瓣劝他当场和水吞服。

崔元徽因此延年益寿至百岁，且年年此日悬彩护花，最终登仙。后来此事流成习俗。由于悬彩的时间安排在五更，故名"花朝"，至于日期如何衍变为其他的，可能与各地花信的迟早有关。

宋代满腹经纶的大学者朱熹也曾作过咏花神的诗："便赋新诗留野客，更倾芳酒祭花神。"世界各地的文化中几乎都有花神的形象，而我们的花神长什么样呢？中国的花神也有多种传说，但她为女性的形象却历来是一致认可的。《淮南子·天文训》载："女夷鼓歌以司天和，以长百谷禽鸟草木"。《月令广义》谓："女夷，主春夏长养之神，即花神也。"也有书中说花神女夷是魏夫人的女弟子，名叫花姑，她餐风饮露，统领群花。《花木录》称："魏夫人弟子善种花，号花神。"

明末冯梦龙（1574—1646），字犹龙，南直隶苏州府长洲县（今江苏省苏州市）人。明代文学家、思想家、戏曲家。冯梦龙出身士大夫家庭，与兄冯梦桂、弟冯梦熊并称"吴下三冯"。他的作品比较强调感情和行为，最有名的作品为《喻世明言》（又名《古今小说》）、《警世通言》、《醒世恒言》，合称"三言"。三言与明代凌濛初的《初刻拍案惊奇》《二刻拍案惊奇》合称"三言两拍"，是中国白话短篇小说的经典代表。冯梦龙以其对小说、戏曲、民歌、笑话等通俗文学的创作、搜集、整理、编辑，为中国文学作出了独特的贡献。他的《灌园叟晚逢仙女》，讲了一个花神惩治恶霸、扶助花农的故事。故事说的是大宋仁宗年间，江南平江府东门外长乐村中有位名为秋先的老者，他妻子亡故，膝下无儿女，因自幼酷好栽花种果，把田业都撇弃了，专于其事。日积月累，便建成了一个大花园。秋先是个对花卉着迷的人，不仅对自己满园的花卉呵护备至，对他处的花木也常常流连忘返。后来秋先受到城中一个叫张委的宦家子弟的加害，某日其带了四五个家丁同一班恶少游荡至秋公门前，一番寻衅滋事后把个好端端的花园践踏得只蕊不留，狼藉遍地。待一番风卷残云后，秋公走向前，望着满园花卉的凋残零落，尘垢沾污，顿时潸然泪下。正哭之间，只听得背后有人叫道："秋公为何恁般痛哭？"原来是一妙龄女子，年约二八，姿容美丽，雅淡梳妆，却不认得是谁家之女。秋公将张委打花之事说出。那女子笑道:"我祖上传得个落花返枝的法术,屡试屡验。"按照她的要求,秋公取水出来,发现残花果然重上枝头,而且各种花瓣色彩掺杂,比从前更好看了。这件稀奇事很快就传到了好惹是生非的张衙内耳朵里,于是他再次上门施展辣手摧花,还找借口给秋公套上了枷锁。恶少们一直打砸到晚上,忽然一阵风来,出现一位姿容美丽的红衣女子。原来,她就是花仙。只见她长袖翻飞,掀起一股刺骨的冷风,将张衙内一伙像蝼蚁一样吹走。狂风大作之中,张衙内本人也一头栽进了池沼……秋公也被从牢狱中解救了出来。在这个故事里,花仙已经成了正义和力量的化身,寄托了人们将美好事物与正义力量相结合的心愿。

可以说,明代以后的花神形象,愈加栩栩如生。她风姿妩媚,手持中国的花魁芍药、牡丹,或手提盛有这两种花的花篮,安详地守卫着善良劳动人民心中的美好愿望。

花朝节节物风尚

祭祀花神。北京西南郊有花乡,这个乡有北京著名的花神庙。此庙始建于明代,庙门上悬有"古迹花神庙"匾额,前殿供有花王诸神及各路花神的牌位。花农都在花神诞辰的二月十二到花神庙进香献花;三月廿九,附近各档花会照例到此献艺,谓之"谢神",甚至要搭台唱"野台子"戏。南京每年二月十二百花诞辰和九月十六菊花诞辰为祭神庙会之期,届时花农打着旗子,携香烛祭品到庙里顶礼膜拜,祈花神保佑花事兴盛。昔日沪上一直以农历二月十二日为花朝节,届时城内沉香阁特别热闹,因而清人秦荣光《上海县竹枝词》记述:"花朝十二赛花神，十九观音佛诞辰。约伴向沉香阁去，桃花扇小杏衫新。"传说花神专管植物的春长夏养，所以，祀奉她的就不仅仅限于花农了，还包括耕种庄稼果蔬的农人。长江三角洲一带多有花神庙，旧时吴越花农家还常供奉着花神的塑像。二月初二花神生辰，在许多地方，不少农人都要聚集于花神庙内设供，以祝神禧，东北一带还讲究用素馔来供奉。有的地方还要演戏娱神，通常是由十二伶优分扮每年十二月的各月花神故事。人们纷至沓来，就此形成庙会。这天夜里，要提举各种形状的"花神灯"，在花神庙附近巡游，以延伸娱神活动。

游春扑蝶。古时，每逢花朝，文人雅士邀三五知己，赏花之余，饮酒作乐，互相唱和，高吟竟日。诚如清人钱大昕《练川竹枝词》所咏："花朝二月雨初晴，笑语相将北郭行。折得缃桃刚一朵，小鬟偷插鬓云轻。"纵观二三月间的传统佳节会发现，这一时期会有一系列游春的节日——春节拉开了迎春的序幕，花朝节前后构成游春的高潮。撰有名剧《桃花扇》的孔尚任，也曾写有竹枝词形容花朝踏青归来的盛况："千里仙乡变醉乡，参差城阙掩斜阳。雕鞍绣辔争门入，带得红尘扑鼻香。""扑蝶会"也是宋代开封一带在花朝节流行的踏青赏玩活动，当然也是当时民间颇有趣味的游艺活动。文学作品中的描写就更多了，"宝钗扑蝶"是一幅不可多得的仕女图，《红楼梦》第二十七回"滴翠亭杨妃戏彩蝶"，作者通过对人物性格的刻画及行动的描绘，生动、形象地再现了人物活动的场面。《金瓶梅》第十九回也有"金莲扑蝶"的描写。

种花挑菜。这一天，各地还有栽花种树的习俗，有点今天植树节的味道了。挑菜，就是挖野菜——白蒿、荠菜正是鲜嫩的时候。"采薇采薇，薇亦柔止……"旧俗，农历二月初二日，仕女出郊拾菜，士民游观其间，谓之挑菜节。清代唐孙华《息庐》诗之四："微雨乍迎挑菜节，淡晴已近放梅天。"唐代诗人郑谷《蜀中春雨》诗："和暖又逢挑菜日，寂寥未是探花人。"刘禹锡《淮阴行》诗："无奈挑菜时，清淮春浪软。"两位诗人一个在蜀中，一个在淮阴，可见当时花朝节期间挑菜风尚很是普及。大诗人白居易《二月二日》："二月二日新雨晴，草芽菜甲一时生。轻衫细马春年少,十字津头一字行。"为我们描绘了花朝节日期间,正是春风秀秀,野菜青青,情意绵绵时,这时野菜最嫩、最具营养且最好看,当时大家纷纷出城,踏青、挑菜,尽享大好春光。尤其这一年的花朝节挑菜在春雨绵绵之中,草木一新,野菜更加光亮鲜美,吸引了城里的男男女女到郊外挑菜。同时,白居易写到渡口上拥挤上船或下船的青年男女,有的是成双结对挑菜归来,有的则是来迎接或送回娘家的媳妇的,在大好春光里,人们其乐融融。

晒种祈丰。花朝吉日,正值芳菲酝酿之际,家家摊晒各类种子,据说要凑其"百样种子",以祈丰收。预卜的方法很简单:是日忌雨,晴则带来百物丰熟的吉兆。

花馔花糕。前述武则天嗜花,蒸制成糕,用花糕来赏赐群臣。明清之后,花朝节制作花糕的风尚就很普遍了。如江南地区制作梅花糕,上海人称之为"海棠糕",这都是古代文人赋予梅花和海棠花特有的审美情趣和文化内涵。梅花糕源于明代,到清代时就成为江南地区最著名的传统特色糕类小吃。相传乾隆皇帝下江南时见其形如梅花，色泽诱人，故而品尝，其后发现该糕入口甜而不腻、软脆适中、回味无穷，胜过宫廷御点，因之拍手称快。梅花糕选用上等面粉、酵粉和水拌成浆状，注入烤热的梅花模具，放入豆沙、鲜肉、菜猪油、玫瑰等各种馅心，再注上面浆，撒上白糖、红绿瓜丝，用灼热的铁板盖在糕模上烤熟即成。此糕呈金黄色，形如梅花，松软可口，老少皆宜。

花朝节与中国人的审美情趣

中国人对于花的审美情趣是中国优秀传统文化的重要内容之一，其形成与发展也随着国运和文化的兴衰而起落。全世界约有花卉3万种，原产于我国的花卉就有1—2万种。故此，许多国家赞誉"没有中国的花卉，便不成花园"。爱花是中国人的传统，古往今来，人们或观赏花的姿韵，或品尝花的美味，更赋予其各自独特的文化品格，每种花蕴含着不同的人格寓意。

插花与花道。中国是东方插花的主要发源地。中国插花历史悠久，早在一千五百年前的六朝时期，在南史中就有这样一段描述："有献莲华供佛者，众僧以铜罂盛水，渍其茎，欲华不萎。"也许"借花献佛"之名因此而来。唐宋以后，插花渐盛。唐人罗虬在《花九锡》中，较详细地记述了当时插花的容器、剪刀和花台等。唐朝李后主（李煜）每到春天，便将宫中的梁栋窗壁、柱拱阶砌，都密布插花作品，称其为"锦洞天"。如果说唐代插花还仅仅是宫廷和寺庙的高雅艺术，到了宋代，插花与焚香、煮茶和挂画成为民间的四大雅事。"山家岁暮无多事，插了梅花便过年。"中国人对于插花的情感要求可见一斑，是时令的区分，更是情感的寄托和归属。崇尚自然的中国文人对于案头清供的要求中总少不了几枝好似低吟浅唱的时令花草，不必多，不必繁，但书桌上有瓶花清供，居室也因此有了生机。看似刻板酸腐的文人，也会因为"江南无所有，聊寄一枝春"而显得有那么点温暖的人情味吧。

中国传统的插花艺术与西方花艺最大的区别在于：西方重造型，中国重意态。中国花艺强调：自然之真——保持花木的自然生态，依据季节造型；人文之善——重视其敦睦人伦的社会效益；宗教之圣——花是有助悟道的圣物，常以花供佛、以花修道；艺术之美——从选材到搭配，讲究和谐、清雅、明秀。

鲜花簪首。以鲜花插戴在头上作为一种习俗，早在汉代就已经出现。四川成都羊子山西汉墓出土的女陶俑，就在发髻正中插着一朵硕大的菊花，菊花两旁还簇拥着数朵小花。簪花之俗历久不衰，虽说是风尚，但相比贵族人家的珠翠头面，鲜花却是士庶妻女的常用首饰。节令不同，所簪花也不同。一般来说，春天多簪牡丹、芍药、桃花、杏花等，夏天多簪石榴、茉莉，秋天多簪菊花、秋葵等。

很多时候，我们在古代绘画、历史影视作品中会看到扫黛眉、施胭脂、梳高髻，配以满头的金银花钗的婀娜女子。五代前蜀词人韦庄的词句："春日游，杏花落满头！"勾勒出一个满头杏花的少女在林间陌上的明丽身影。或许，在诗词歌赋的描述中我们也会想象到那发饰上的缤纷世界。这好像一直是中国古代仕女的经典形象。发饰是她们美发极其重要的部分，梳好的发髻要用花和宝钿花钗来装饰。从目前传世的古代妇女发饰看，种类十分丰富,常见的有:簪、钗、梳、步摇、珠翠、金银宝钿、骚头等。南宋吴自牧《梦粱录》载,立秋"都城内外,侵晨满街叫卖楸叶,妇人、女子及儿童辈争买之,剪如花样,插于鬓边,以应时序。"《武林旧事》载重阳节"都人是日饮新酒,讯萸簪菊。"苏轼还在《吉祥寺赏牡丹》诗中,描写了一老人簪花装饰的情形:"人老簪花不自羞,花应羞上老人头。"唐宋时男子亦有簪花,而且还成为某些典礼的仪节。

南宋西湖老人《西湖老人繁胜录》则载,端午节"茉莉盛开,城内外扑载朵花者,不下数百人。"而"每妓须戴三两朵,只戴得一日,朝夕如是。天寒,即上宅院亦戴。"《宋史·舆服志》载:"中兴,郊祀,明堂礼毕回銮,臣僚及扈从并簪花,恭谢日亦如之。"宋朝廷宴会,皇帝要给群臣赐花,由中使为之插戴。朋友之间的便宴也可以簪花。民间簪花也很普遍,按照宋朝婚俗,婚仪中,新郎可以"戴花一两枝,胜一两枚。"

花卉入诗。中国是诗的国度,更是花的故乡。诗与花,如同焰与灯。不同的花成为文人骚客们不同的心志。

北宋著名文学家、书法家、盛极一时的江西诗派开山之祖黄庭坚曾经写下千古佳作《花气诗》："花气薰人欲破禅，心情其实过中年。春来诗思何所似，八节滩头上水船。"意思是说，我的禅定被这浓郁的花香气打破了，但现在，心境已过中年，不想被打扰，而你却在春天里送来这些花催我写诗，却不知我现在的状态就像一尾小舟在八节滩头的逆流颠簸徘徊？这体现了北宋文人的一种生活态度和境界。

不同的花是不同的人生——时而春风得意，马蹄轻疾，一日便可看尽长安之花；亦有失意落魄，泪眼问花，而乱红不语，唯有溅泪以报。"扈江蓠与辟芷兮，纫秋兰以为佩"是屈原高洁的品性；"人闲桂花落，月静春山空"是王维幽深的心境；"忽如一夜春风来，千树万树梨花开"是岑参壮美的幻景；"竹外桃花三两枝，春江水暖鸭先知"是苏轼旷达的闲情；"无可奈何花落去，似曾相识燕归来"是晏殊郁结的惆怅；"一花一世界，一树一菩提"是佛家悠然的感悟……

花鸟绘画。中国画中，花鸟画是一大类，六朝时已有许多独立的花鸟作品。五代至宋是中国花鸟画发展史上的重要时期，发展出了重要的流派。扬补之的墨梅，赵孟坚的水仙兰花都为世所重。时至今日仍被画家看重的梅、兰、竹、菊，在南宋时已基本成为文人画的固定题材。

如今的人们，参加花神庙的各种庆贺仙诞活动，体验华夏特色的花神文化；偕同亲友来到野外，参加花神游春活动：扑蝶会、摘野菜、咏花赋诗、踏青赏春……这天的吉祥花卉是中国传统的牡丹和芍药，也许，它们会像现在的玫瑰一样流行开去。通过转换与创新，把农历二月十五日的花朝节复兴开来，对于振兴传统文化具有多方面的意义。提升源远流长的插花艺术，恢复簪花习俗养成与传承，复兴花朝节的文化经济意义，前景非常广阔。

主要参考文献

《中华传统文化大观》,中华传统文化大观编纂委员会编,中国大百科全书出版社1993年版。

《中华传统文化粹典》,张茂华、亓宏昌著,山东人民出版社1996年版。

《中华古代文化辞典》,钱玉林、黄丽丽著,齐鲁书社1996年版。

《中国事典》(上卷),周谷城中外名人研究中心著,沈阳出版社1993年版。

《中国原始社会史》,宋兆麟、黎家芳、杜耀西著,文物出版社1983年版。

《中国原始社会史话》,黄淑娉、程德祺、庄孔韶、王培英著,北京出版社1982年版。

《中国原始社会》,陕西省西安半坡博物馆编著,文物出版社

1977年版。

《中国史探研》，齐思和著，中华书局1981年版。

《中国宋代文化》，石训著，河南人民出版社2000年版。

《中国文化与世界》，耿龙明、何寅著，上海外语教育出版社1992年版。

《中国文化与世界文化》，［美］许倬云著，贵州人民出版社1991年版。

《先秦史新探》，唐嘉弘著，河南大学出版社1988年版。

《中国文化与人生》，丁捷著，辽宁教育出版社1993年版。

《中国文化史三百题》，本社编著，上海古籍出版社1987年版。

《中国文化史》（上、下册），柳诒徵著，中国大百科全书出版社1988年版。

《中国文化史导论》，钱穆著，商务印书馆1994年版。

《中国文化史稿》，刘蕙孙著，文化艺术出版社1990年版。

《中国文化史纲》，冯天瑜著，北京语言学院出版社1994年版。

《中国文化史纲》，房列曙、木华主编著，科学出版社版2001年版。

《中国文化泛言》，南怀瑾著，复旦大学出版社1995年版。

《中国文化的特质》，刘小枫著，生活·读书·新知三联书店1990年版。

《中国文化研究集刊》（第1—5辑），复旦大学出版社1984年版。

《中国文化通论》，陈书禄著，南京师范大学出版社2000年版。

《中国通史纲要》，白寿彝著，上海人民出版社1980年版。
《中国风俗之谜》，完颜绍元编著，上海辞书出版社2002年版。
《民俗学概论》，钟敬文主编，上海文艺出版社1998年版。
《中华风物探源》，仲富兰著，知识出版社1986年版。
《中国民俗文化学导论》，仲富兰著，浙江人民出版社1998年版。
《中国神秘文化百科知识》金良年、仲富兰、王小盾主编，五角丛书豪华本，上海文化出版社1994年版。
《岁时节日里的中国》，常建华著，中华书局2006年版。
《中国传统节日与文化》，张海英著，书海出版社2006年版。
《岁时佳节古今谈》，季鸿崑著，山东画报出版社2007年版。
《中国节日民俗文化》，高天星著，中原农民出版社2008年版。
《中国民俗学通论》（三卷本），仲富兰著，复旦大学出版社2014年版。

后 记

中国的传统节日与中国人的生产、生活密不可分，凝聚着中国人的丰富智慧，维系着中国人的深厚情感，至今仍在人们的生活中发挥着重要作用。它是中华民族悠久历史文化的一个组成部分。传统节日的形成过程，是一个民族或国家的历史文化长期积淀凝聚的过程。中国古代的这些节日，大多数与原始信仰、天象物候、历法、数学以及后来划分出的节气有关。从远古先民时期发展而来的中华传统节日清晰地记录着中华民族丰富多彩的社会生活文化内容。中国传统节日很多，比如除夕（腊月最后一天）、春节（正月初一）、元宵节（正月十五）、寒食节（清明节前一天）、清明节（阳历：四月五日前后）、上巳节（农历：三月初三）、端午节（农历：五月初五）、七夕节（农历：七月初七）、中秋节（农历：八月十五）、重阳节（农历：九月九）、寒衣节（农历：十月初一）、腊八节（农历：腊月初八）、小年（腊月二十三或者腊月二十四）等。此外，还有二十四节气，如：清明、立春、立夏、立秋、立冬、冬至等，这些二十四节气中的许多节气，有的是传统节日，有的也存有重要的传统文化习俗。此外，我国各少数民族也都保留着自己的传统节日，诸如傣族的泼水节、蒙古族的那达慕大会、彝族的火把节、瑶族的达努节、白族的三月街、壮族的歌圩、藏族的藏历年和望果节、苗族的跳花节等，都是中国传统节日的重要内容。

这本书限于篇幅，不可能讲述所有传统节日的习俗内容，它不是"中国节日大全"，也不是"中国节日概览"，本书的题目是《节日里的中国》，其定位只能是有选择的，选定了其中至今在社会生活中影响很大的几个比较重要的节日，如春节、元宵节、清明节、端午节、七夕节、中秋节、重阳节，另外有几个传统节日，影响虽然不是很大，但有复兴、转换与创新的必要性，如花朝节、冬至节、腊八节，也做了一些探源和介绍的工作，更多的中国传统节日还是留待日后有机会编撰传统节日书稿时再慢慢道来。

唐代名臣魏征在《谏太宗十思疏》中说过一句名言："求木之长者，必固其根本；欲流之远者，必浚其泉源。"意思是说，要想使树木生长得茂盛，必须稳固其根部，因为根深方能叶茂；要想使水流得长远，必须疏通其源头，因为源远才能流长。在追溯中国传统节日的源头时，我越发觉得，传统节日是一个硕大的平台，承载着中国的优秀传统文化，当然，也包含着一些过时的、陈旧的乃至落后的东西，我们的工作就是要扬弃，尽可能阐发传统节日中最富有生命力、最能推动当代社会进一步向前发展的东西。不论怎么说，我在读书写作过程中，深深感到包括传统节日在内的中国优秀传统文化是中华民族的"根"和"魂"。放眼世界历史的发展，在世界四大文明中，唯有我们中华文明一次次能战胜灾难、渡过难关，历经五千多年绵延不断，创造了人类文明发展史上的奇迹。这其中一个很重要的原因，就在于中华民族产生和形成了为整个民族共同认可、普遍接受、一脉相承且富有强大生命力的优秀传统文化，从而为中华民族生生不息、发展壮大提供了丰厚滋养。

我对中国民俗文化的学习和研究快四十年了，伴随着中国改革开放的发展历程，我从事学术研究的方法是把人文科学领域里与我研究范围相关的内容注意收集、综合、分析，同时也注意吸收和收集一些相关学科的资料，并将这些资料进行"综合考察与研究"，年数长了，有一些惰性，对"民俗学"的认知也有一些提高，越学越感到自己对中国传统民俗，包括传统节日还是所知甚少。自从2014年完成上海市出版基金资助项目《中国民俗学通论》三卷本之后，我就下决心接触实际，说明一些日常生活实际的东西，记录一鳞半爪的感悟。是的，现在许多青年学者与我讨论治学之道，我说的一句话就是眼睛向下，抓住一些生活中的些微问题，问问它"是什么""为什么"和"怎么走"，我想越学习就会越感觉自己存在不足，就迫使自己去读书。所以，这本小书，也可以说是我学习中国优秀传统文化在传统节日文化的一份读书笔记。既然是读书笔记，就会有很多不足；限于我的认识水平，还有许多节日内容没有能够深入开掘，只能做成现在这个样子了。感谢网络媒体《今日头条》，他们鼓励我在该网站开设了一个"国风人文图典"，我就尝试着发表一些小文章与读者互动交流，有好些青年朋友给我提出了许多新鲜的见解，对我的帮助，可谓善莫大焉。

最后，恳请各位学者通人，特别是治中国节日史的专家学者、硕学通人多多指正与赐教，敬请广大读者多多批评指正。

仲富兰

2018 年 12 月 30 日于沪上五角场凝风轩

图书在版编目（CIP）数据

节日里的中国/仲富兰著.-上海：上海文艺出版社.2019.7(2023.6重印)

（九说中国）

ISBN 978-7-5321-7137-8

Ⅰ.①节… Ⅱ.①仲… Ⅲ.①节日－风俗习惯－中国－通俗读物

Ⅳ.①K892.1-49

中国版本图书馆CIP数据核字（2019）第105605号

发 行 人：毕　胜
策 划 人：孙　晶
责任编辑：胡艳秋
封面设计：胡斌工作室

书　　名：节日里的中国
作　　者：仲富兰
出　　版：上海世纪出版集团　上海文艺出版社
地　　址：上海市闵行区号景路159弄A座2楼　201101
发　　行：上海文艺出版社发行中心
　　　　　上海市闵行区号景路159弄A座2楼206室　201101　www.ewen.co
印　　刷：上海中华印刷有限公司
开　　本：787×1092　1/32
印　　张：9.375
插　　页：2
字　　数：130,000
印　　次：2019年7月第1版　2023年6月第8次印刷
Ｉ Ｓ Ｂ Ｎ：978-7-5321-7137-8/G·0228
定　　价：29.00元
告 读 者：如发现本书有质量问题请与印刷厂质量科联系　T:021-69213456